〈たましい〉のメッセージから見えてくる

守護霊リーディング

日常生活にスピリチュアルを生かすヒント

鹿島晃
Akira Kashima

ハート出版

守護霊リーディング

はじめに

僕は、自分の守護霊に出会ってから、人生への価値観や自分の考え方というものが、大きく変わりました。守護霊は僕に、今まで勘違いしていた人生のとらえ方を指摘して、人生の「本当の意味」を教えてくれたのです。そして、その人生の本当の意味を知ったことで、僕は、人生を穏やかに、また安定して、楽しく過ごせるようになりました。

そこで、少しでも多くの人に、この僕が守護霊に教えてもらったことをお伝えして、みなさんにも、誤解のない、自分らしい本当の生き方を見つけていただき、幸せになってもらえたらという思いで、この本を書くことにしました。

この本を、ぜひ自分と対話をしながら読んでいただき、そこから、あなた自身の人生の意味を見つけてもらえたら、とても嬉しいです。

じつは僕は、三八歳の年齢になるまで、自分が守護霊のメッセージを受け取って、それを多くの人に伝えていくなんて、考えてもいませんでした。もともとスピリチュアルな世界には興味があったので、霊能開発の学校に行ったりはしていましたが、それでもせいぜい、「ときどき冴《さ》えていて、メッセージを受け取ることができる」という程度でした。それが、そうした自分自身の実情とは裏腹に、急激に、僕の周りの世界が変わり始めたのです。

まず、二〇〇七年の冬、僕は、霊能開発学校のお手伝いで、あるイギリス人霊能者の通訳として、彼と一緒に旅をしていました。すると、そのイギリス人霊能者がある日、「アキラは僕と同じように霊能者になると、僕の守護霊が言っているよ」と言い出したのです。でもその時は、「そんなことが実際に起こるといいね」と、半信半疑で話しただけでした。

その後、二〇〇八年の年明けに、さまざまな偶然が重なって、僕は急きょ、インドに行くことになりました。「アガスティアの葉」という、何千年も前にインドの霊感のあるお坊さんが葉っぱに書いた、僕の今回の人生を見に行くためです。そして無事に、自分のアガスティアの葉を見つけ、インドの大きなお寺で何回か、運が開けるような儀式をしていただきました。

すると、インドの不思議なパワーも加わったのか、なぜか僕の霊感が強くなり、世界規模で僕のために何かが動き始めている、というようなことを感じたり、ガイドをしてくれたインド人がお経を唱えていると、そのエネルギーが僕の頭に当たって「痛い」と感じたりするようになったのです。

その時は、「これはすごいことになった！」と驚いていましたが、しかし、日本に帰って来て二週間もすると、また普通の人にもどってしまいました（笑）。

そんなインドから帰ってきて三カ月ほど経った頃、ある霊感を持った方から、「生まれる前、『自分の霊感を使って多くの人にメッセージを伝える』と約束したのを覚えていますか？　そろそろ、それを始める頃ですよ」という、守護霊からのメッセージを伝えられたのです。

その時は、ただ驚くばかりでしたが、よくよく考えてみると、子供の頃から、人の考えていることが先に分かったり、大人になってからも、人だと思って見ていた相手が、じつは亡くなった方だったり、というようなことがありました。

その後、スピリチュアルなエネルギーの受け取り方に気づく「きっかけ」をつかむと、さまざまなエネルギーを感じたり、過去や未来を見たり、守護霊のメッセージを受けたりすることも、できるようになりました。そしてついには、スピリチュアルなメッセージをお伝えするための、「リーディング」をおこなうサロンを開いたのです。

サロンを開く前には、イギリスにある、まるで「ハリーポッター」に登場する学校のような霊能力学校（アーサー・フィンドレー・カレッジ）で一週間ほど勉強したのですが、この時の経験からは、自分が霊能者として歩む上で、とてもたくさんのことを学べたと思っています。

こうして守護霊からのメッセージを受け取れるようになったことで、今まで自分が持っていた人生への価値観というものが、まったく違うものになってきました。そして、「人生の本当の意味」が分かるようになったのです。

それは例えば、「人生に起こることは、すべてに意味がある」ということだったり、「私たちが抱く不安は全部、自分自身が作っている」ということだったり、「人生の主人公は、あくまで自分である」ということだったりです。

これらの内容は、本書の中に詳しく書いてありますが、こうした大切な考え方を理解した今では、自分の中の考えやエネルギーがとても安定し、非常に穏やかな気持ちで毎日をすごせるようになりました。

あなたも、こうした考え方を理解できれば、自分のやっていることに自信が持てるし、ちょっとしたことでは動じない強い心も持てるし、本当の自分に気づいて、人生の目的をハッキリさせることもできるのです。

守護霊は、いつも私たちの周りにいてくれて、愛情いっぱいで、しかし時には厳しく、私たちの人生をサポートしてくれています。そんな守護霊からのメッセージは、誰にでも届いていて、誰にでも、少しの練習で理解できるようになるものなのです。

守護霊が教えてくれる「人生の本当の意味」を理解して、自分らしく生きるコツをつかみましょう。そして、有意義で楽しい人生を歩んでいきましょう。

もくじ

第二章　守護霊は羽の生えた天使じゃない！

第一章　守護霊は最高のマネージャー

守護霊は誰にでもついていて、じつはあなたの最高の「マネージャー」だということを知っていましたか？

守護霊は、だいたいメインで二〜三人の人がついていて、生まれた時から死ぬまで、私たちを見守っていてくれます。そして、悩んでいたり迷っていたりすると、ヒントを与えてくれたり、進まなければならない道を逃げていたりすると、いろいろな方法で勇気づけてくれたり、進むべき道を示してくれたりします。

このように守護霊は、私たちをずっと見守って、ずっと一緒にいてくれて、ずっと私たちのために働いてくれているのです。

よく間違われるのですが、守護霊と、亡くなったおじいちゃんおばあちゃんたちとは、じつは少し、立ち位置が違います。守護霊というのは、その人が生まれる前に一緒に作った「人生の青写真」に沿って、その人が死ぬまでのあいだ、総合的に広い範囲で「調整」をしてくれている存在です。

一方、おじいちゃんおばあちゃんというのは、亡くなってからも近くにいて、手助けをしてくれたりはしますが、あくまでも、おじいちゃんおばあちゃんなのです。

例えば、結婚することを今回の人生で必要としていない人の場合でも、おじいちゃんおばあちゃんが生前、孫には結婚してほしいと強く望んでいたりすると、この孫に対して「早く結婚しなさい」というようなメッセージを送ってきたりします。でもそれは、「その人にとって本当に結婚が必要かどうか」とは関係がなく、おじいちゃんおばあちゃんの個人的な考えだったりするのです。

その点、守護霊は、その人が今回の人生で結婚することが必要なのかどうか、ちゃんと分かっているので、自分の気持ちだけで「そろそろ結婚したほうがいいんじゃないの?」みたいなメッセージは送ってこないのです。

ですから、リーディング中に、おじいちゃんおばあちゃんからのメッセージが来たりした場合には、「これはあくまでも、おじいちゃんとおばあちゃんの個人的な意見ですよ」と付け加えることがあります。こうした個人的なメッセージと守護霊からのメッセージを区別することが、とても大切な時もあるからです。

僕がリーディングをする時は、まず先に守護霊からのメッセージをお伝えする、という形式をとっているのですが、その理由はこういうことからです。

守護霊からのメッセージというのは、今の自分の状況を充分に理解し、未来を冷静に見つめた上でのアドバイスなのです。ですから、まず守護霊からのメッセージをお伝えすれば、今その人にとって必要なことは、たいてい理解できたりするのです。

また、守護霊は時として、ユニークな姿やメッセージを通してアドバイスしてくることがあります。例えば、それがその人にとっての人生の転換期だったりすると、これから関わっていくと思われる人の守護霊たちと、守護霊どうしで名刺交換している姿を見せてくれたりすることがあります。

守護霊の存在する空間や時間というのは、私たちが生きているこの世界とはまったく違うものなので、守護霊たちは、私たちに想像もつかないような次元で、細かい仕事をしてくれているのです。このように守護霊は、将来私たちが進むべき道を知っていて、早め早めにいろいろなことを調整してくれている、あなただけの最高のマネージャーさんなのです。ありがたいですね。

守護霊どうしで名刺交換？

守護霊は、メッセージや画像などを通して、さまざまなことを伝えてくれます。

リーディングで、最初に守護霊からのメッセージを伝えると、そのメッセージだけでも「自分が聞きたかったことの答えがほとんど入っている」と言う人がたくさんいます。

もちろん僕は、サロンに来られた方がどんな状況にいるのかなど知らないし、守護霊がどういう意味でそのメッセージを伝えているのかも知らないのですが、このように、ちゃんと守護霊は見ているし、すべて分かっているのです。

もう一つ面白いと思うのは、サロンに来られる方は、抜群のタイミングでサロンに来られているということです。先ほどお話ししたように、守護霊は守護霊どうしで、事前に（名刺交換など）いろいろ調整をしてくれているので、私たちが実際に「出会える」ということは、それはまさに、偶然なんかではないのです。

　例えば、ちょうどメッセージを受けたいなと思っていたら、たまたま友だちから僕のことを聞いたとか、大好きな犬のことをインターネットで検索していたら僕のホームページにたどり着いたとか。

　これらは、たまたま起こったように見えますが、じつは、それぞれの人の守護霊が、必要と思うところにちゃんとたどり着くように計画して、起こっていることなのです。

　もちろん、たまに反対のことが起こることもあります。うちのサロンに来てくださるという連絡をいただいてスケジュールを調整しようとするのですが、いくら話し合っても予定が合わない。

　そういう方は、たいてい急いでいらっしゃったりするので、そうした場合は、「他のサロンに行かれた方がいいのでは？」と、お勧めします。こういう時は、その方が望む「何か」を得られないとか、お互いの波長が合わないといったことで、避けられているのです。

　リーディングを受ける人というのはそれぞれ、求めていることも、望むことも、違っていて当たり前です。何に対しても「それでいいのですよ」と言う霊能者もいれば、厳しいことをきちんと伝える霊能者もいます。その違いは、それぞれの霊能者の考え方や、信じることの違いだと思いますが、メッセージを受け取る方も、必要とする相手、または合う相手、合わない相手というのが出てくるのです。守護霊はそういうところもすべて分かっていて、完璧な「出会い」を仕組んでくれているのです。

お互いが「選ばれて」いる

霊能者によって、来るお客様もちゃんと「選ばれている」って知っていましたか？

僕は、あるスピリチュアルイベントに参加したことがあるのですが、そこには、たくさんの霊能者やヒーラーの人たちが集まっていました。僕は、スピリチュアルなメッセージを伝える友人と一緒に出店したのですが、この友だちには恋愛や浮気の相談がたくさん来るのに対して、僕には、もう少し重い感じの内容の人が集まって来るのです。

例えば、ある老夫婦が来られて、「私たちの後ろにはどんな人がいるのか？」と、かなり挑戦的に聞いてきました。霊視したところ、若い男性が見えましたので、そうお伝えすると、少し納得したような雰囲気になり、さらにいろいろと聞いてきます。

そこで、もう少し詳しく見てみると、その方たちの息子さんは自殺をしたようなのですが、ご両親は、息子さんが亡くなってしまったことにかなりのショックを受けて傷つき、その「逃げどころ」を探し続けている、という感じでした。

その方たちは、あまりにも心が傷ついてしまったためか、霊的なエネルギーの光などを家で見ると言い、その見えるものの意味や理由を知りたいというのです。彼らの守護霊に聞いてみると、この老夫婦は心にあまりにも大きなショックを受けたことで、周りのエネルギーにとても敏感になってしまった、と言います。それは、風邪をひいたときに周りの温度や臭いなどに敏感になるのと同じようなものであり、それによって、家の中に存在する守護霊や、たまたまそこにいる霊などのエネルギーを光で見ているのだ、と。

この老夫婦は、「その光が息子なのか？」と聞いてきますが、守護霊は「違う」と言います。そして、その光が見えているということは、心が傷ついた上でのことなので、見えていること自体、あまり良いことではないし、それよりも、気持ちを前に向けて歩みを進めていきなさい、と言います。

人は、心が深く傷ついたりすると、このように、エネルギーを感じたり霊を見たりすることがありますが、心が傷ついているということは、その人の波動も低くて悲しいものになっており、同じような低い悲しさを持つエネルギーや霊と、つながりやすくなります。

だから、この老夫婦がつながって見えているものというのは、決して良いものではないと守護霊は言うのです。

しかし、この老夫婦は、その光が息子かもしれないと思う気持ちを失うことで、その光がいなくなってしまうのが寂しいようでした。おそらく、息子さんを亡くされた寂しさを癒《いや》してくれているのが、この光だったのでしょう。

その日はイベントで、リーディングするのも短い時間だったのですが、その老夫婦は二回、僕のブースに来られたあと、もっともっといろいろなことを他の霊能者から聞いてみたい、というような感じで、他のブースに行かれました。

こういう人は、納得いくものを探している、というよりは、自分が聞きたい答えを言ってくれる人を探したり、あてもなく聞き続けたりするということで、自分の中の寂しさを埋めているのです。

他の例として、子供の頃からのトラウマを持ちながら、それに気づいていないという女性が来られました。

その方は、とてもきれいな方で、化粧も服装もバッチリ決まっています。ただ、僕の前に座られて、これからリーディングを始めますとお伝えしたとたんに、泣き始めました。

しかもその女性は、どうして自分が今、泣いているのかが分からないと言うのです。

そこで、「あなた自身は気づいていないかもしれないけど、魂はずっとあなたを励ましたかったし、あなたに必要なメッセージを伝えたかった。やっと今、その時が来たと思う嬉しさから、魂が泣いているのです」と、お伝えしました。

この方の霊視を始めると、彼女の周りにはたくさんの友人がいるのですが、彼女自身が誰にも心を開いていないし、楽しんでいない様子が見えてきます。

さらに詳しく守護霊に聞いていくと、彼女は、子供の頃に父親に厳しく育てられたことや両親の離婚などで、心に大きなトラウマを作ってしまったということでした。

彼女は、自分が人生を楽しんでいないということには気づいていたけれど、その理由がまったく分かっていなかったようなのです。

トラウマというのは、それがあまりにもつらいことだったりすると、脳は忘れようと頑張るものなのです。彼女には、子供の頃のトラウマが原因で、自分の本当の姿を見つめて外に出すことが怖くなっていること、そのために誰も信じられなくなっているということを伝えました。そして、これを乗り越えるために、もう一度自分の子供の頃の痛みに向き合い、「今はもう大人になったのだから大丈夫」と自分に言い聞かせること、そして、「自分を愛してくれる人を探すことが大切」という守護霊からのメッセージを伝えて、彼女のセッションは終わりました。

この女性は、本当に、自分のトラウマの部分をまったく覚えていないようでした。でも、ようやくそこに気づき、そこが自分の問題なのだと分かったようで、自分自身を見つめ直していこうという、前向きな考えを持たれたようです。こうして、彼女にとって大きなステップを踏むきっかけを得られたのです。

このように、霊能者によって得意とする分野が違い、その違いに合わせて、きちんとメッセージを受けに来る人も選ばれて来る。これは、どの分野がいいとか悪いとかではなくて、「その人だからこそ伝えられること」を、きちんと守護霊は分かっていて、それぞれの霊能者が与えることのできるものを必要とする人が、きちんとやって来るように仕組まれているということなのです。面白いですね。

すべてのことは、完璧な状態で起こっている

私たちを見守ってくれている守護霊たちは、その時に必要な状況を、私たちの考えも及ばない未知のエネルギーで作り出しています。

どんな小さなことであっても、私たちに起こることは、良いことだと思われることも悪いことだと思われることも、すべて意味があって起こっているのです。この、「すべてのことは完璧な状態で起こっている」ということを理解することが、人生の幸せをつかむために必要なのです。

例えば、生まれつき持っている人の性格や興味、体の特徴といったものも、その人が人生の中で体験することのために仕組まれたカリキュラムであって、それがいいとか悪いとかではないのです。

最近では、落ち着きのない子供をADHD（注意欠陥・多動性障害）と言うらしいですが、僕のサロンにも、子供がADHDであるという悩みを相談に来られる方が、たくさんいらっしゃいます。

スピリチュアル的に見て、落ち着きのない子供というのは、この人生でやろうと決めてきたことがたくさんある魂です。ですから、いろいろなことに興味がわいたり、「早く行動しないといけない」という魂の思いが、そういう態度に出てしまったりするのです。

僕などはむしろ、落ち着きがない子供というのは、将来が楽しみだなあとすら思いますし、それが問題だとか、治さなければならないのではないかと親が悩む必要は、まったくないのです。

ただ、学校や医者というのは、何か問題点や理由を見つけることで、説明や扱いがやりやすくなるのか、このように、何かと病名を使ったりしますよね。

しかし、それ自体ですら、良いことでも悪いことでもないのです。あーそうですか、と受け入れながら、その子供の良いところをよく観察して、それを伸ばしてあげることに集中していればいいのです。

また、元気のありあまっている子供などは、彼らが興味を示しそうな運動や趣味などを見つけてあげると、そこにうまくエネルギーが、いい感じで分散されるということが起こります。このように、本人の進まなければいけない道が見つかれば、面白いように子供は変わったりするものなのです。

このような子供たちに対して守護霊は、その子に向いていることや、これから人生の中で大切にしてあげないといけない特徴や性格などを教えてくれます。こうした接し方によって、こういう子供たちの成長は、大きく変わってくるのです。

人生に起こることというのは、あとから見返してみると、「なるほど、そういうことだったのか」と理解できることが多いものです。電車が遅れて学校の入試テストに間に合わなかったとか、たまたまいつもと違う道を歩いたら素敵な出会いがあったとか。

そういうことも、すべて守護霊が仕組んでいることであって、テストに間に合わなかったということを悔やんだり悲しんだりする必要はありません。もしかしたら、その学校ではなく他の学校に行くことで、大切な人との出会いの機会が起こるように予定されていたのかもしれないからです。

例えば、僕は飛行機が好きで、大学卒業後は日本の航空会社で働いていたのですが、そこを辞める半年前に部署が異動となり、毎日を楽しめない日々が続きました。

そこで、なんとなく外資系企業の募集を探していたら、今の米国航空会社の募集が載っていたのです。

もともとその会社が大好きで、プライベートで旅行するときはいつも利用していたので、これは面白いと思い応募してみました。すると、どんどん採用試験が進んでいき、最終の健康診断まで到達したのです。

そこで初めて、僕の両親に転職のことを話したところ、特に母親は、せっかく日本の会社にいるのに、わざわざ外資系の企業に行かなくてもいいのではないかと心配していました。

そんなある日、母親がいつも行っている診療所にお薬をもらいに行ったところ、そこによく来ている霊感の強いおじさんが近づいてきて、こう言いました。

「息子さんのことで悩んでいるかもしれないけど、うまくいくから好きなようにさせてあげなさい」と。

母親はもともと、こういうことを信じる人なので、家に帰ってきて、僕に「あんたの好きなようにやったらいい」と言いました。僕もこのメッセージを聞いて、「外資系企業なんかに転職して、大丈夫なのかな？」と思う気持ちが吹き飛んだことをよく覚えています。

このように、霊感のある人を使って、守護霊というのは結構、メッセージを送ってくれているものなのです。反対に僕も、守護霊から急に「このメッセージを伝えなさい」と言われて、相手に伝えることがあります。そういう時は、それがその人にとっての大切なタイミングだったりして、メッセージを受け取った人が泣き始めたりすることもあります。

僕の場合、前の会社を辞めるまでの半年間は、「異動する前の部署でやりたいこともあったのに、どうして異動になってしまったのだろう？」と考え続ける、楽しくない日々が続いていましたが、逆に、そういう日々が続いたからこそ転職を考えたし、異動した先の部署で学んだことは、今でも役に立っています。

本当に、無駄なことなど、何ひとつないのですね。

病気をすることにも「意味」がある？

病気になることとも同じです。そこにはちゃんと意味があり、完璧な状態で起こっているのです。

病気になると体もつらくなるし、「どうして自分にこんなことが起こるのだろう？」と思ってしまうものですが、それでも、そこには必ず意味があるのです。そして、その意味や理由を理解して自分の人生を見直せば、病気は自然と治るものなのです。

もちろん僕は医者ではないので、医学的なことは分かりませんが、リーディングを受けに来られる方の病気の症状を見ていると、その人が抱えているスピリチュアル的な面での問題点が分かってくるのです。

・首や肩のトラブル

例えば、必要以上に周りの人のことを考えがちで、その責任も自分で背負い込もうとするような人は、首や肩が重くなり、肩こりなどの症状を訴える人が多いです。

このような人は、自分で自分の責任をどんどん増やしていって、首や肩のあたりのエネルギーがガチガチに固まっているような印象を受けます。日本語には「首が回らなくなる」というような表現がありますが、まさにそんな感じになってしまっています。

こんな人は、やらなければいけないことのリストをもう一度見直し、優先順位の低いものをリストから外すとか、他人に任せられるものはやってもらうとか、職場でのやり方を変えていくなどの行動をとることで、「自分がやらなければいけないこと」を、どんどん減らしていくことが重要です。

・喉や声のトラブル

次に、喉の不調や、声が出ないなどの症状を訴える人がいます。そういう人は、自分の言いたいことを誰かに言えない人や、自分の意見を言えない職場にいたりするなどの原因で、喉のトラブルや気管支炎などの症状が出ていることがあります。

こういう症状の人は、喉のチャクラの動きが活発でなかったり、不調の出ている場所のエネルギーが滞《とどこお》って、黒く見えたりします。

このような人は、自分の考えや意見をできるだけ声に出して相手に伝えることや、「ひとりカラオケ」などをして、声のエネルギーを外に出して、循環させることが必要です。

・足のトラブル

足をケガしたり、足のトラブルが続いたりする人。そういう人は、今の状況で一度立ち止まり、自分の立ち位置を確認しなさいという意味だったり、周りの人や状況に振り回されるのではなく、自分自身をきちんと見つめる必要があったりする人であり、つまりは「足元をきちんと見直しなさい」というメッセージなのです。

何かを頑張ろうとして休まずに前に進もうとする人や、これから大切なことをやっていかなければいけない人などに、こうした足の問題が起こります。

ですから、こういう時は、自分の立ち位置や、「自分は本当は何をしたいのだろう？」といったことを、よく考えてみることなどで、症状が良くなっていったりするのです。

・腰のトラブル

腰のトラブルを持っている人も、結構、多いものです。腰が痛いために、ついつい前かがみになってしまうような人には、感謝が少ない（頭を下げることが必要）という意味があるようです。

また、腰というのは、体の上半身と下半身をつなぎ、支えている大切な部分です。ここの部位やエネルギーがガチガチに硬くなり、血液やエネルギーの流れが悪くなった時にも、腰のトラブルは出てきます。そういう時は、実際に背中、腰、足の付け根などをストレッチして、血液やエネルギーの流れを良くするだけでも、症状は大きく変わります。

また、腰は、何か心配ごとがある時に、その不安や悩みのエネルギーが溜まりやすい場所です。ですから、自分の将来に対する悩みや不安を少なくしていくことも、腰のトラブルには有効だったりするのです。

・胃腸のトラブル

胃や腸のトラブルを抱えた人も、かなり多いです。僕から見ていると、ストレスは胃や腸の部分に溜まっていくことが多く、実際に、黒っぽいエネルギーが溜まっているのが見えたりします。

こういう人は、溜まってしまっているストレスに気づいて、それを発散することが大切で、ストレスにしていること（たまった仕事や、やらなければいけない課題など）は、なるべく早く終わらせるなどの行動が必要です。

人は、意外と自分のストレスに気づいていないことが多いものです。将来に対しての不安や、やるべきことをずっと考えている状態なども、大きなストレスになっていきます。こうした自分のストレスに気づいて、意識してそれを減らしていくことで、胃や腸のトラブルは改善されるものなのです。

心と体は、つながっている

体と心は、いつもつながっています。私たちは、体に問題があると、ついつい体だけを見つめる傾向にありますが、このように、心をきちんと見ることも大切なのです。

病気になった時は、西洋医学を利用して治すことももちろん大切ですが、同じように、心の状態を見直すことで、体が本当に言おうとしているメッセージを受け取ることができるのです。

最近多くなってきたガンですが、僕から見ていると、ガンになること、どこのガンになるかということも、その人にとってきちんと意味があったりします。

ある時、乳ガンの疑いがあり、検査結果を待っておられる方が、リーディングに来られたことがありました。その方が、「どこにガンがあるか分かりますか？」と聞かれるので、その場で守護霊に聞いてみました。

すると、右の胸のあたりに黒いエネルギーが溜まっているのを見せてくれて、その大きさはそれほど大きくないので、大事には至らないだろうということを教えてくれました。

実際、その方には小さな乳ガンが見つかったのですが、手術をして、その後二年が経過しても、無事に暮らしておられます。

この方の乳ガンのように、女性器にガンができる方は、自分の持つ女性性をもっと意識的に見直す必要がある人です。例えば、結婚している人は、ご主人との関係が悪くて女性として愛されていないだとか、結婚していない人は、きちんと女性としての生き方を楽しむことを見直す必要があるだとか、そうした「ちゃんと愛されていない人」が、女性器のガンになりやすいようです。

他のガンになる人を見ていると、基本的に、その人の中には多くの「怒り」を感じます。

例えば、仕事であってもプライベートであっても、自分や周りの人に対して怒りの感情を持ち、果てには、出会ったこともない地球の裏側にいる人たちのことをニュースで知って怒っている人っていますよね？　そういう人というのは、常に、何をしていても、自分の中に怒りのエネルギーを作ってしまっている。そして、そのエネルギーが体内に蓄積されて、ガンという病気を作り出していくのです。まじめな人や正義感の強い人は、自分の中に作っている、こうした怒りのエネルギーを減らす努力が必要です。

僕の知り合いで、ガンになった人がいます。その人は、ずっと前から仕事でかなりストレスを溜めていたので、僕はいつも「いつか体を壊すかもしれないから、なるべくストレスを減らすように気をつけてね」と話していました。しかしやはり、ガンになられたのです。

その人が入院したという話を聞いたとき、僕は最初、心臓の問題で入院したのだと思いましたが、実際にはガンでした。

その人の守護霊に聞いてみると、「本当は心臓の問題で命を落としていたかもしれない。だけど、もっと自分を見直して、人生をやり直すチャンスを与えてもらうために、ガンになった」と言うのです。

そして、ガンというやっかいな病気にはなっているけども、この人は大丈夫ですよ、というメッセージを、次から次へと伝えてくれました。

その人は、ガンになることで仕事も休むことになったし、それによって自分自身の人生を見つめ直す、良い時間を得られたようです。このような、人生の大きな出来事というのは、たしかにショックではあるけれども、じつはとてもありがたいものなのですね。

もちろん、病気の原因とは、それほど単純なものではありません。多くの意味や理由がそこには存在するのですが、それでも、そこには傾向のようなものがあり、実際に病気は起こってしまっているのです。ですから、こういうスピリチュアル的な意味を参考にしつつ、自分の生活環境や考え方などを見直すことが、病気を治すために、とても大切なこととなってくるのです。

私たちの最高のマネージャーである守護霊は、このように、いつもその瞬間を、完璧な状態で作り出してくれます。だから、たとえ病気になったり、大きな失敗をしたりしたとしても、その状況は、自分にとって必要な気づきや経験、メッセージを与えてくれるために起こしてくれていることなのです。

それを、良いことか悪いことかと判断する必要はありません。人生に起こること、特に困難や失敗などに対しては、ネガティブなエネルギーを自分の中に作り出すのではなく、起こっていることを淡々と見つめ、その意味を理解し、対処することが大切なのです。

すべてのことは完璧な状態で起こっている、というのは、こういうことを肌や心で理解することであり、そこを理解することで、人生の進むべき道を理解し、幸せへの大きなステップを前に向けて踏み出すことができるのです。

「すべては完璧」を理解すると「恐怖・不安・怒り」がなくなる

私たちは、いらない感情（エネルギー）である「恐怖・不安・怒り」を作り出すことを得意としています。恐怖や不安というのは、まだ起こっていない未来へ向けて作られることが多く、結局それは、自分自身で勝手に想像して、どんどん大きく膨らませているのだ、ということを理解しなければなりません。

例えば、両親と一緒に暮らしている一〇代の女の子が、ニュースで孤独死がよく問題として取り上げられた時に、「自分も将来、孤独死するのではないか?」という不安と恐怖を持つようになり、やがて鬱《うつ》になったということがありました。これは、典型的な、自分で不安や恐怖を作り出している例だと思います。

この子はとにかく今、両親と住んでいるのだから、たとえ家で亡くなったとしても、何週間も気づいてもらえないことなどあり得ないし、将来自分の家族を持てば、おそらく孤独に亡くなっていくこともないのです。それなのに、自分が作り出す不安や恐怖が、どんどん彼女を悪い想像へと導いてゆくのです。もし彼女がこうした考えを変えなければ、彼女が本当に死ぬまでの何十年という長い年月を、ずっと不安と恐怖の中で生きていくことになるのでしょう。

不安や恐怖というのは、自分が、未来について何か問題を発見し、そのことについて強い感情を持っていくということです。確かに、自分の未来について問題を見つけ出し、そのことについて淡々と対処していくことは必要ですが、そこに「感情」を持つ必要は、まったくないのです。

例えば、「将来自分が仕事を辞めたあと、年金で暮らしていけるのか?」という不安は、誰でも持つもの。でも、これは未来の、まだ起こっていないことに対する、自分で作った不安です。その不安を、ただずっと持ち続けるのではなく、年金に頼らなくても最低限の生活ができるように、今から貯金をするとか、他の副収入を作っておくなど、その問題に対処していけばいいのです。

その際も、不安や恐怖を持つ必要は、まったくありません。僕がリーディングをしていて、守護霊が何十年も先のお金の心配の話をするところなど、聞いたことがありません。

守護霊というのは、私たちのことを長い目で見てくれてはいますが、もっと、「今をどう生きるか？」ということに、焦点を当てている気がします。

また、怒りというのも、自分の考えの物差しで周りを見て、自分の枠組みから外れているものに対して持つ、どうでもいい、必要のない感情（エネルギー）です。まじめな人や正義感の強い人に限って、この考えの物差しがとても大きく固定していて、本当に、どうでもいいことで怒りを感じているものです。

例えば、歩道を走っている自転車が気になるとします。法律では基本的に、自転車は車道を走ることになってはいますが、たとえ歩道を走っていたとしても、すぐにひき殺されるわけではないし、常に迷惑になるわけでもありません。それでも、歩道を走っている自転車を見かけたりするとムカッとする。

あなたにも、そういうことがありませんか？　こういう人は要注意です（笑）。なぜかというと、ここでムカッとする人は、自分にはまったく関係ないことや、どうでもいいことでも、どんどん怒りを自分の中に作ってしまっている可能性が大きいからです。そして、こうした怒りのエネルギーは、自分の心や体に良くない影響を与えるだけで、何の得にもならないのです。

歩道を自転車で走っている人を見た時は、このように考えたらどうでしょう?

「歩道を走るのは危険なことだし、邪魔になることもあるけれど、自分は慌てずに、気をつけながら歩けば大丈夫。そして、その自転車で走っている人に対しても、僕が今、その人を判断したり罰を与えたりするのではなく、必要であれば、目に見えない力が必ず、その人に必要な経験を与えることになる。だから、そこから来る、いらない感情は流そう。もしムカッとしたのであれば、今の感情は、なかったことにしよう」

このように自分に言い聞かせて、脳をだましてやり、深呼吸をし、意識を他に向けるのです。

この、「必要であれば、目に見えない力が必ず、その人に必要な経験を与えることになる」というところが、とても重要なのです。

自分に対しても、他人に対しても、必要なことはちゃんと起こるようになっているので、他人を強引に変えようとしたり、自分ではどうにもならないことで、いらない感情を作ったりする必要はないのです。

これが、「すべてのことは完璧な状態で起こっている」ということであり、そのことを理解できれば、自分にとって良くないエネルギーを作り出す、恐怖・不安・怒りの感情は、すべて自分が勝手に作り出すものであり、必要ないものだと確信できるのです。

ジャッジすることをやめてみよう

この、すべては完璧な状態で起こっているということを理解できれば、あなたの周りの状況や人に対する見方が大きく変わってきます。そして、次に知りたくなるのは、あなたが作り出してしまう、いらない恐怖・不安・怒りのエネルギーは、具体的にどのようにしたら減らすことができるのか、ということ。

それは、「ジャッジすること（物事を判断すること）を、やめること」です。

人は一日のあいだ、無意識のうちに、多くのことを自分の物差しで見ながらジャッジしています。例えば、

①何度も頼んでいるのに、トイレの蓋がまた開いたままになっていてムカッ
②携帯で話しながらゆっくり歩く前の人が、とても邪魔になってムカッ
③係長のネクタイのセンスがイケてなくてゲンナリ

④ニュースで政治家の汚職を知ってムカッ
⑤テレビでガンの特集を見て、自分もなるのではないかと心配になりゲンナリ
⑥仕事で失敗をして、自分はまだまだだと落ち込みゲンナリ
これらの例は、一日のうちに私たちがジャッジしているものの、ほんの一部ですが、気をつけて見ていると、本当に多くのジャッジをしているものです。
そのジャッジが、なぜダメなのか？　では、どう受け入れていけばいいのか？　そのことを個々に見ていきましょう。

①何度も頼んでいるのに、トイレの蓋がまた開いたままになっていてムカッ
〈＝家族や配偶者に対する不満や怒り〉

ひとつ屋根の下に一緒に住んでいる人がいると、このように、毎日の積み重ねで嫌《いや》になることが、たくさんあると思います。リーディングをしていると、ご主人の毎日の行動がどうしても許せなくてイライラしている方を多く見かけます。

トイレの蓋が開いているという事実より、この自分の中に生んでしまったイライラという、怒りのエネルギーが、本当は問題なのです。

その怒りのエネルギーは、体の中に残って蓄積されていき、気分を害したり、ストレスの元となったりします。本当は、ご主人が悪いのではなく、こうして自分自身でいらない怒りのエネルギーを毎日作ってしまっていることが、問題なのです。

では、トイレの蓋が開いていてムカッときたら、どうしたらいいのでしょうか？

まず、自分がムカッとして怒りのエネルギーを作り出していることに気づきます。そして、トイレの蓋が開いているということは生きていく上でそんなに大切なことかを考えます（すごく大切だと思う方もいるかもしれませんが……）。

他人を変えようとすることは、とても大変なことです。そんなことに時間やパワーを使うのではなく、あえて気にしないようにする。トイレの蓋が開いているという、どうでもいい事実が本当の問題なのではなく、自分のしたいようにご主人が協力してくれないことや、自分の考えの物差しに合っていないことが、じつは原因ということが多いのです。

でも、すべてのことには意味があり、それらは完璧に起こっています。それは、ご主人にとって意味があるのかもしれないし、自分にとって意味があるのかもしれない。そんな小さなことを気にせず、もっとおおらかな気持ちでいることが大切なのだと教えられているのかもしれない。

ただしこれは、何もかも許して気にせずに生きていけばいい、ということではありません。本当にそのことが問題であると感じるのであれば、冷静に相手と話し合って解決策を見つける努力をすればいいのであり、その時に怒りのエネルギーを作り出す必要は、まったくないということなのです。

怒りのエネルギーを持つ人間が話す時というのは、とても威圧的です。その威圧感を、相手はちゃんと感じて避けようとするため、聞く耳を持たなくなってしまうのです。

ムカッときたら、まずは自分が、人や物をジャッジしていらないエネルギーを作っているということに気づき、もっと心に余裕を持ち、いらないエネルギーを作るのはやめようと、自分に話しかけてみましょう。

家族や配偶者というのは、お互いの関わりが強いので、どうしても多くのことが目につき、怒りの原因になります。距離の近い存在であるがゆえに、毎日の小さな積み重ねが大きくなってくることもあります。だからこそ、家族や配偶者へのジャッジをしている自分に気づくことは、最も大切なことなのです。

②携帯で話しながらゆっくり歩く前の人が、とても邪魔になってムカッ〈＝他人に対する不満や怒り〉

これもよく起こることです。特に、こうしたことは、自分が急いでいて余裕がない時に限って、起こってくるものです。

携帯で話をしながら歩くことは誰にでもあることで、自分が同じことをしている可能性も、充分にあり得ます。そもそも、こちらが急いでいることは、携帯で話している人には関係のないことです。

ここでも、ムカッとしたら、まずは自分が怒りのエネルギーを作っていることに気づき、そういう余裕のない自分に気づきましょう。そして、このエネルギーは必要ないものだと自分に言い聞かせ、冷静にゆっくり歩くか、道をあけてもらうように頼みましょう。

この時に、怒りのエネルギーを持って威圧的に話しかけては絶対にいけません。自分の怒りを他人に向けてしまうと、その怒りのエネルギーが何倍にもなって自分に返ってきてしまい、さらに嫌な思いをすることになるからです。

他人に対する不満や怒りというのは、結構、自分には関係ないことで起こっているものです。そんな、自分に関係ないことでイライラしたり怒ったりするのは、無駄なエネルギーだと気づくべきです。もっと自分に余裕を持ちましょう。

③係長のネクタイのセンスがイケてなくてゲンナリ〈＝仕事上の人間関係に対する不満や怒り〉

これも、係長にとっては大きなお世話ですよね（笑）。でも、人はこんな、どうでもいいことを次々にジャッジして、さまざまなマイナスのエネルギーを自分の中に作っているのです。この例で取り上げるのは、自分の働く会社や上司に対するジャッジです。

働く会社や上司に対しては、どうしても個人的な考えや希望が出てくるので、多くのことを自分の物差しで考えてジャッジしがちです。そして、不安や怒りのエネルギーをみずから作ります。

しかし、仕事のできない上司や、社員のことを考えてくれない会社というのも、それは今の時点で完璧な状態で起こっているのです。そのことに対して、いちいち不安や怒りのエネルギーを作るのではなく、淡々と事実を見ていればいいのです。そして、必要であれば冷静に改善できる策を考え、行動していけばいい。

特に、係長のネクタイのセンスが良くないことなんて、どうでもいいことです。でも、意外と人は、こういうことが気になり、ジャッジしているものなのです。ここでもやはり、いらないマイナスのエネルギーを自分の中に作ってしまうことが問題なのです。

確かに、仕事上の人間関係に対する不満や怒りは、誰でもが経験することだと思います。仕事上の人間関係の愚痴や悪口って、同僚が集まれば絶対に出てくるし、何時間でも話していられますよね。ただ、先ほど取り上げた家族関係と同じように、仕事上の人間関係というのも、お互いの関わる時間がとても多くなるものです。なので、ここで不満や怒りのエネルギーを作っていると、当然、自分への影響も大きくなってくるのです。

いつも不満や怒りについて話している同僚っていますよね？　そういう人の近くにいて愚痴を聞いているあなたは、そのネガティブなエネルギーをずっと浴びているのだと考えてください。その人の愚痴を聞いているだけで、そのネガティブ・エネルギーはあなたのオーラにかぶさり、影響を与えてくるのです。愚痴を言っている同僚からは、一定の距離を保ちましょう！

④ニュースで政治家の汚職を知ってムカッ
〈＝ニュースなどで報じられる事件や、世の中の動きに対する不満や怒り〉


政治家の汚職問題というのは、自分にも多少、関係があるような感じもしますが、大好きな俳優が浮気をしたとか、通り魔が人を殺したとかいうようなテレビの報道に対しても、怒っている自分がいませんか？

政治家が何か悪いことをしたとしても、それは完璧な状態で起こっています。だから、必要であればその政治家は罰せられるでしょうし、それをニュースで見た私たち個人が、いちいち怒りのエネルギーを自分の中に作る必要はないのです。

言葉を換えれば、あなたが怒りのエネルギーを持てば自分の中に悪いエネルギーを作るだけであり、その政治家自身は、これっぽっちも変わりません。

殺人事件の報道は毎日のようにされていて、そのことに対して、人はさまざまな思いを持つものです。その中には、怒りや恐怖などもあるでしょう。特に、恐怖というエネルギーを作り出してしまうと、それはなかなか自分の中から抜けきれないものです。

そんな時は、「自分も同じように殺されるのではないか？」と考えるのではなく、「自分は大丈夫」と言い聞かせ、ネガティブな方向に考えないようにすることが大切です。このような、おそらく自分には起こらないであろう未来に対して、自分の想像で不安や恐怖を作ってしまうことは、何の得にもなりません。こういう「クセ」がある人は、自分を幸せにするためにも、少しずつこうした考え方を変えていきましょう。

ニュースで報じられる事件や世の中の動きに対する不満や怒りというのは、正義感から出てくるものかもしれませんが、あなたが怒ったところで、事態はあまり変わりません。それどころか、その怒りのエネルギーは、あなたや周りの人に悪い影響を与えます。

そうした感情で動くのではなく、「自分には何ができるのか？」ということを、淡々と考えて行動しましょう。

⑤テレビでガンの特集を見て、自分もなるのではないかと心配になりゲンナリ
〈＝病気や災害など、生死に関わる問題に対する不満や怒り〉

最近のテレビ番組やコマーシャルを見ていると分かるように、毎日たくさんの情報が、

洪水のように発信され、人びとは多くのことを考えさせられるようになってきました。

ガンになる人が多いと聞くと、「自分もなるのではないか?」と不安になるし、私たちの周りには多くの菌があると聞かされると、「その菌によって病気になるのでは?」と心配になる。最近では、「自分の住む地域に大きな地震が起こるかも?」と考えることで、いつも不安を感じているという人も多いはずです。

ただ、こうしたことはすべて、「まだ起こっていない」事実です。それに対して不安や恐怖を持ち、自分の中にそのエネルギーを作り出す必要はないのです。そうした不安や恐怖を作らないまま、必要であれば病院に行くとか、万が一の時のために心と物の準備をしておけばいいのです。

「病《やまい》は気から」と言いますが、僕から見ていると、本当にそうなのです。自分の体の調子が悪くて気になり始めたら、きちんと検査などをして、自分は大丈夫、きっと良くなる、と思うことが大切なのです。

西洋医学を上手に利用することは大切だと思いますが、まだまだそれでは説明しきれないことや、治せないことは、たくさんあると思います。お医者さんも時には、無理やり病名や理由を見つけようとすることもあるでしょう。

このような、病気や災害など、生死に関わる問題に対する不満や怒りのエネルギーを自分の中に作ってしまうと、いろいろな情報が自分に入ってきたときに、冷静な判断ができなくなるものです。「すべてのことは完璧な状態で起こっている」、そのことを分かっていれば、病気も必要だから起こるのであり、災害も必要だから起こるのです。

私たちの考えは、大きなエネルギーとして未来に放たれていきます。そして、病気や災害が起こるのではないかといつも考えていたら、そういう未来を呼んでしまうものなのです。

不安や恐怖を自分で作るのではなく、不安や恐怖が生まれてきたら、「自分は大丈夫！」と言い聞かせ、ネガティブな考えが未来に向かって流れていくのを止めましょう。

⑥仕事で失敗をして、自分はまだまだだと落ち込みゲンナリ〈＝自分自身に対する不満や怒り〉

ジャッジするというのは、周りの人や物に対してだけではなく、自分自身も含めてのことなのです。人は、自分のこんなところが嫌いだとかダメだとか思いがちですが、そんな、何か足りない自分が今の時期では完璧であり、そこから何かを見出していかなければならないのです。そしてその時も、自分に対してネガティブな感情を生み出すのではなく、淡々と「何が必要なのか?」「どうすれば良くなるのか?」を考え、行動すればいいのです。

人は、とても弱いものです。どんなに自分に自信があっても、自分のことを「まだまだだ」と反省してしまう。でも、前に進まないことにも意味がある。その意味を、感情に振り回されずに考えていきましょう。

人は、「自分はダメだ」と思った瞬間に、すべてを失ってしまいます。反対に、「自分は大丈夫だ」と思うことで、未来は拓《ひら》けてくるものなのです。

どうすればジャッジしない人生を送れるのか?

このように私たちは、一日のあいだに、想像もつかないほどたくさん、周りの人や物、そして自分自身をジャッジしています。そして、そのつど、自分の中にいらない感情エネルギーを作り出してしまっているのです。何も考えなくていいのではなく、いらない感情エネルギーを作り出さずに、状況を淡々と見て対処することが大切なのです。

この、ジャッジしている自分に意識を向け、そのつど、いらないエネルギーを出さないように自分に言い聞かせていると、三カ月くらいした頃に、このジャッジするというクセが減ってきて、周りのことを冷静に、穏やかに見ていられるようになったことに気づいてきます。そのくらいになれば、小さなことに振り回されないで、本当に大切なことに集中することもできるようになってきます。

ここで最後に、不安や恐怖のエネルギーを作っていると感じた時に、深呼吸することをお勧めしたいと思います。実際、僕が誰かにムカッときて話し始める時は、深呼吸を一回するようにしています。

ケンカをしていて「売り言葉に買い言葉」というように、怒りのエネルギーを持って返してしまうと、言う必要のないことや、相手を傷つけることも言ってしまいます。そうなると、どんどん良くないエネルギーがケンカ相手とのあいだに生まれ始めるのです。

僕は誰かとケンカしている最中でも、「ちょっと深呼吸させて」と言って、相手の目の前で深呼吸してから話すことがあります。こうした、ちょっとしたことで、意外と冷静な自分に戻れるものなのです。

このように、深呼吸というのは、自分のエネルギーを大きく変えることができる、すぐれものです。だからあなたも、怒りや不満を深呼吸で吐き出し、良いエネルギーを吸い込んでみてください。そういう、ちょっとしたことで、物事のとらえ方や考え方などが変わってくるのです。


……というようにここまで書いてきましたが、人が生きていていく上で、ジャッジすることをやめて不安や怒りをすべて無くすなんて、無理な話ですよね（笑）。僕も、ジャッジは毎日確実に減ってきてはいますが、完全に無くすことは無理だと思います。

よく、「霊能者だったら、すべてのことが分かっていて、悩みもないのでしょうね？」と聞かれることがあります。そんな時、僕はこう答えます。

「この世というのは学びの場です。僕もまだまだ経験したり、学んだりすることがあるからこそ、ここに来ているのであり、すでに完璧なら、この世には生まれていません。

でも、少なくとも守護霊からのメッセージなどを通して人生の本当の意味みたいなものを教えてもらうことで、どんな経験も楽しみながら受けとめることができています。

すべてのことは完璧な状態で起こっていることを理解し、ジャッジすることで自分の中に作ってしまいがちな、いらないエネルギーを取りのぞいていく。そういうことを続けることで、人は、心の余裕が感じられるようになり、今まで見えなかったことが見えてくるようになったりするのです。

守護霊からのメッセージには、人生の本当の意味のようなものがいつも含まれていて、世界への観方が大きく変わりました」

私たちの周りにある完璧な存在――植物とペットについて

私たちの周りには、完璧な状態で存在してくれているものがたくさんあります。例えば、自然（植物）やペットです。

自然というのは、私たちに感動や癒しを与えてくれるために、ただ、そこに存在してくれています。山の持つ強いエネルギーは、私たちにパワーを与えてくれます。だから、最近疲れぎみでパワーが欲しいと思う時は、山に行くことをお勧めします。

そして、海のエネルギーは、私たちを大いに癒してくれます。だから、ストレスが溜まりぎみで、癒しが欲しいなと思う時は、海に行って浄化されるといいのです。

自分に必要だと思われるパワーを得るために自然を訪れることは、とても大切なことなのですが、魂は、ちゃんと自分に必要なものを分かっていて、知らず知らずのうちに自然の豊かな場所を訪れたり、守護霊の計画で呼ばれたりしているのです。

また、私たちが最も簡単に手に入れることができる自然である植物は、周りの人や場所に対して、常に一〇〇パーセント見返りを求めない、癒しのエネルギーを放ち続けています。ですから、植物を上手に生活に取り入れることで、元気になれたりするのです。

僕がいつもお勧めしているのは、家のリビングに生け花を置くこと。家のリビングというのは、家族みんなが利用する場所で、みんなのエネルギーも集まってくる場所。

家族の仲が悪かったりすると、このリビングのエネルギーも悪くなるのです。そんな場所に生け花を置くと、そのリビングのエネルギーを良くしようと癒しのエネルギーを多く出す植物たちは、いつもより早く枯れてしまいます。

ただ、それでも何回も生け花を置いていると、だんだんとその場所のエネルギーが変わっていき、花も長持ちするようになってくるのです。花は、自分がするべき働きをちゃんと分かっていて、周りのエネルギーを良くすることだけに生涯をかけているのです。

ペットも、私たちに対して完璧な状態で存在してくれています。つまりペットは、飼い主や周りの人のためだけに生きているのです。

彼らは、自分の欲や考えのために生きるのではなく、常に飼い主のために生きようとします。必要であれば、飼い主のために死ぬことも喜んで選択するのです。

例えば、犬はとてもシンプルな考えを持っている生きもので、私たち人間が思っているよりも、はるかに飼い主のことだけを考えて生きています。

癒しが必要な人がいれば、その人の横に行って癒してあげようとするし、飼い主の体に悪い部分があると、その悪いエネルギーを自分が受け取ろうとすることさえあります。

ですから、家族の仲が悪かったり、体調の悪い家族がいたりすると、その家で飼っている犬も病気がちになったりするのです。

ペットが放つ癒しのエネルギーはとても強力です。以前、僕の母親が軽い鬱になった時に、犬を飼い始めたのですが、その犬が来てからは、母親はとても元気になり、鬱もなくなってしまいました。ほんの数カ月のあいだのできごとです。

アメリカなどでは、サービスアニマルとして、精神的に飼い主を支えるペットの存在が認められています。日本でも、ペットは私たちにとって、もっと大切な存在なのだと考えられる日が、いつか来ることでしょう。

犬に家で長くお留守番させてしまうことを悪いなと思う人は多いものですが、飼い主のことを一番に考えている犬に、飼い主のことを恨んだりする思いはありません。

あるドッグトレーナーさんに、犬は一日の三分の二ほど寝ていると教えてもらったことがあります。これも、そうすることで犬のお役目がきちんとこなせるようになっているのです。

犬が、自分の意思をしっかり持って、自主的に何かやりたいと考え始めたりすると、常に行動範囲を制限されている犬たちには、かえってつらくなるでしょう。何かあっても、すぐに次の対象に心変わりしたり、たいがいの時間を寝ていたりすることで、犬は人生を楽に生きられるようにできているのです。

そんな犬たちには、会話をしてあげることが大切でもあります。じつは、犬には人間のオーラが見えていて、そのオーラからさまざまな情報を得ています。だから犬は、飼い主が考えていることが分かったり、犬好きな人を分かったりするのです。ですから、ちょっと長く留守にするときなど、何の用事で何時ごろ帰るからねということをちゃんと伝えてあげれば、犬も納得して心の準備をするのです。このように会話をきちんとしてあげれば、犬に悪いと感じる必要もないのです。

ちなみに、犬との会話というのは、人間どうしの言葉の会話ではなく、頭の中で考えてテレパシーを送るような感じです。声に出しながら話してもいいのですが、頭の中の考えの方が、より犬に届いていると意識するだけでも充分に効果はあります。

また、できるだけたくさん犬の体を触りながら、愛しているよと話しかけるようにしてあげてください。飼い主のことを純粋に考えているペットたちにとって、最も嬉しいものは、飼い主からの愛情を受け取ることなのです。

あと、ペットロスで傷つく人は多いですが、その考えも本当は間違っています。

ペットというのは、飼い主のためだけに生きています。ですから、亡くなったペットの霊視をしていると、必ず彼らは、自分たちが死んだことで傷ついている飼い主を見て、苦しそうにしています。

亡くなったペットは飼い主に対し、死んでしまった自分に対していつまでも悲しんでいるより、新しいペットを家族として受け入れ、人生を楽しんでほしいと望みます。いつまでも亡くなってしまった自分のことを悲しみ、思い続けることを望んではいないのです。

このように、私たちの周りには、完璧な状態で存在しているものがたくさんあります。そんな存在をきちんと理解することで、その存在がいることの奇跡を見つけることができるし、感謝もできるのです。また、そうすることで、人生の中にある深い何かを感じることもできるのです。

エネルギーは常に循環させることが必要

ここまで、いろいろな「エネルギー」について見てきましたが、最後に、この、スピリチュアルな「エネルギー」というものについて、あらためて説明してみたいと思います。

人のエネルギーというのは、自分の魂を中心に、出入りを常に繰り返しています。そして、ちょうど体内の血液と同じように、この流れが滞ったりすると、さまざまな問題が生じてくるのです。

「自分からエネルギーを出す」というのは、言葉や思い、行動などを通して、周りにどんどんエネルギーを投げかけるようなもの。自分の気持ちや考えを言葉として発することが苦手な人や、他人との関わりを避けようとする人などは、言葉として発するエネルギーが、ちゃんと出なくなりがちです。そして、過去・現在・未来に対してネガティブな思いや感情を持ち続けていたりしても、この自分から出すエネルギーが弱くなります。

反対に、「自分にエネルギーを取り入れる」というのは、周りにある自然や、ペットなどからエネルギーをもらったり、人から物や優しさなどを受け入れたりすることで可能になります。

私たちの周りには、目には見えないけれど魂に必要なエネルギーがたくさんあります。山に行ったりすると思わず深呼吸をしたくなるのも、私たち人間の本能が、自然などから出されるエネルギーを取り入れようとする、ごく自然な行動なのです。

そして、人の優しさを受け入れることについて。意外とこれが苦手な人っているものです。世の中には、人に与えてばかりいる人とか、受けることとしかしない人というのがいるのですが、この両方を、バランスよく持つことが大切です。

出すエネルギーがないと、入ってくるエネルギーも、うまく入らないのです。そこが面白いところで、一方通行な流れだけでは、決して良い流れにはならないのです。

こうした、エネルギーの入れ替えを簡単にする方法が一つあります。それは、先ほども少しご紹介した、深呼吸です。

私たちは普段、生きるための最低限の呼吸をしていますが、これでは、きちんと魂に必要なエネルギーを呼吸と一緒に入れ替えることができません。そうではなく、きちんとエネルギーの流れを想像しながら深呼吸をすることで、体の中のエネルギーを元気に保つことができるのです。

まず、鼻からゆっくりと息を吸い、その時に、周りにあるキラキラ輝くエネルギーが体の中に入ってくるところを想像します。

そして、吐く時には口からゆっくりと息を吐き出し、それと一緒に、体の中にある良くないエネルギーや、思い込みなどのいらないエネルギーが出て行くところを想像します。ちょっと疲れたなあと思った時など、この深呼吸を二〜三回すると、気持ちがとても楽になりますよ。

このように、エネルギーというのは、常に動かしていないとダメなのです。自分が前に進めないような気がするとか、何か新しいことを始めたいな、と感じる時には、特にこのエネルギーの循環を意識して、どんどんエネルギーを流していきましょう。そういう行動から、新しい何かが動き始めるのです。

みなさんもぜひ、この「エネルギーの循環」を大きく意識してみてください。

第二章　守護霊は羽の生えた天使じゃない！

「守護霊って、羽《はね》の生えた天使なの？」

ミディアム（霊能者）になる前に、霊能力開発のため、イギリスのハリーポッターの学校のようなところに一週間滞在したとき、僕が持った疑問がこれでした。

この学校は、「アーサー・フィンドレー・カレッジ」と言い、世界各国から一〇〇名くらいの人が、毎週、授業を受けるために集まってきます。そして、みんなが同じ屋根の下で寝泊まりを一緒にし、初級者から上級者まで授業を受けるのです。

僕は、「プラットホーム」と呼ばれるスピリチュアル教会で、大勢の人の前で、そこにいる霊が誰なのかを特定してメッセージを伝えるという内容の、イギリスミディアムとしてはトップクラスの仕事をしている方たちをトレーニングする授業を受けました。参加している方たちは、すでに各地で活躍しておられるミディアムの方たちばかりですから、とても良い刺激となりました。

そこにいる方たちは、ほとんどの人が白人でクリスチャンなのですが、その人たちと会話をしていると、よく「天使がいる」という話をしてきます。しかし僕には、その「天使」というものが、じつは不思議で仕方がありませんでした。

なぜなら、僕にはどう見ても、ただのおじちゃんやおばちゃんにしか見えなかったからです。そういう霊を見ながら、彼らは「この天使は……」という話をしてくるのです。

最初は、何の話をしているのか、まったく分かりませんでした。その後、日本に帰ってきてから出会った日本人の方で、クリスチャンではないけれど、天使カードリーディングから学んで、リーディングができるようになったという女性と知り合いました。すると彼女も同じように、僕から見ていると、ただのおじちゃんおばちゃんにしか見えない守護霊のことを、「ラファエルという天使がここにいて……」と説明しているのです。

その時にやっと気づいたのです。霊能者が見えるものというのは、その人の持っている考えに、大きく影響されるということに。

例えば、クリスチャンというのは、基本的に死後の霊の存在を信じていません。ですから、クリスチャンの人にとって亡くなった人や守護霊というのは、人の姿ではなく天使として存在するのです。そして、クリスチャンでなくても、先生が天使という存在を信じて使っていたら、その先生から学んだ生徒も同じように考え、天使として見えてくるものなのです。そういう意味でも、どんな先生に学び、どんな書物から学ぶかということは、その人にとても大きな影響を与えるのだと考えさせられました。

自分で信じた世界が、自分の世界になっていく

このように、自分の信じたものが自分に与える影響というのは、とても大きいのです。霊視をして同じものを見ているのに、別のミディアムの人にはまったく違って見えたりすることから、そのことをとても実感するようになりました。

また、誰かを霊視する時に、もう一つ気づいたことは、守護霊が伝えてくるその人の本当の性格や夢などと、その本人が思っている自分の性格などには、「誤差」があるということです。つまり、人は意外と、自分自身を誤解していることがあるのです。

その人の霊感が強いかどうかというのは、家系的につながっている人の関係が大きくて、僕らが見ていると、例えばお父さん側の家系の人にとても熱心に信心をしていた人とか、霊感の強い方がいらっしゃって、そのご加護や影響を受けて、その方にも強い霊感が備わっているのだな、ということが分かったりします。

僕の場合ですと、母親側の家系に、比較的霊感の強い人や、信仰心が強くてよくお参りをしていたような人が多いのです。その流れから、おばあちゃん、母親、僕へと、強い霊感が引きつがれている。

ただ、母親はかなり「天然な」感じの霊感で、何も考えずに思ったことを話したらそうなったとか、そういう感じの霊感なのですが、それでも、僕がハッキリ自分の霊感の強さを理解した時には、これは母親側から来ているのだと、強く確信しました。

あと面白いのですが、霊感の強い人は、やはり霊感の強い人が分かるのです。これは言葉で説明できるものでもなく、そのエネルギーを感じ取る、という感じですね。だから、僕が霊感の強い人に会ったりして、「ありますよね?」というように聞いたりすると、あちらも「分かりますか?」と笑いあったりするのです。

しかし、実際にリーディングをしていると、このように霊感の強い方が来られて、「けっこう強い霊感をお持ちですね」と伝えても、「いいえ、私にはまったく霊感はありません」と言われることがあります。その人は別に嘘を言っているわけではなく、自分には霊感がないと信じきっているのです。

そういう方に、さらに、「こういうことがないですか？」とか、「こんな経験がないですか？」とお話ししていくと、「あー、そういうことはよくありますね」という感じになっていきます。そこで、「それを、霊感というのですよ」と言うと、「なるほど、自分にも霊感があるんですね！」と驚かれることになるのです。

ここで間違えないように説明しておきますが、私たちは、すべての人が魂を持っているので、みんな、スピリチュアルな存在なのです。ですから、すべての人に霊感があるし、スピリチュアル的なエネルギーも利用して生きているのです。

ただ、その中にも、いろいろな人生の意味があるために、霊感の強い人や、まったく感じない人などが出てくるわけです。そして僕のように、守護霊からのメッセージを多くの人に伝えるお役目のある人などは、それなりの強い霊感を持っていて、必要な時に、その力に気づくようにできているのです。このような霊感を、私たちはいろいろな形で生活に生かしながら、生きているのです。

例えば、見たくない霊がたくさん見える人もいれば、ビジネスで何をすればいいのかが直感で分かるため、その通りに動いていたら億万長者になれた人など、私たちはそれぞれが、それぞれ必要とされる霊感を使って生きているわけです。

では、私たちミディアム（霊能者）が使う霊感というのは、具体的に、どういうものなのでしょうか？　これには、大きく分けて三つあります。

・第三の目を使う

まずは、第三の目で見る。人が自分の中の霊能力開発をスタートさせる時、最も興味を持つのが、この第三の目で見るということではないでしょうか。

最初は色や景色などから始まり、人の姿や文字、記号などが見えてくると、とても楽しくなってきます。

はじめのうちは、「目を開けた時、目の前に怖い鬼のような人が立っていたらどうしよう？」と怖くなることもありましたが、守護霊が見せてくれるメッセージというのは、本当に必要なことだけを見せてくれるのであり、このように怖い思いをするようなものを見せられたことは、今のところ僕にはありません。

ただ、この「第三の目で見る」情報には、気をつけないといけないことがあります。それは、第三の目に見える情報というのは、その情報を受け取る人によって、まったく違う意味となりうることもある、ということです。

例えば、リーディングをしている時、その人の守護霊がイチゴを見せたとします。そうすると、単に映像が見えるだけでは、「あなたはイチゴが好きですか？」ということになる。しかし本当は、「それがどういう意味か？」を、紐解かなければいけないのです。

ただ、守護霊というのは、メッセージの受け手のこともよく分かっていたりするので、できるだけその人の得意とする形で見せようと努力をしてくれて、比較的、分かりやすいメッセージになるんですけどね。

例えば僕の場合は、漢字と数字で情報を受け取りやすく、守護霊も、正確に情報を伝えたい時ほど、漢字と数字で教えてくれます。だから、僕のリーディングで漢字と数字が出てきた場合は、かなり信憑性の高いメッセージということになるのです。

ちなみに、「見える」といっても、その見え方にも、人によって違いがあります。私たちが普段見えているような感じで、守護霊やその他の霊などが見える人もいますが、ほとんどの人は、頭の中に浮かんでくる感じです。

これがどういうものかというと、まずは自分の部屋のベッドを想像してみてください。そうすると、この場には実際に自分のベッドは無くても、頭の中にベッドが浮かんできますよね。しかも、ベッドだけではなく、その周りの本や置物、壁にかかっている絵なども浮かんできます。これが一般に言われる、「見える」という感覚なのですね。

僕は、ミディアムとなってすぐの頃は、周りにいる人間のように守護霊が見えると思っていたので、なかなかその姿を見ることができなかったのですが、この、頭の中に「浮かんでくる」感覚が分かった瞬間から、守護霊や過去世、未来などが、どんどん見えてくるようになりました。

このようにして、見える情報というのは、時としてとても大切なことを教えてくれます。例えば、目の前に幸せそうに笑っている人がいても、その人が家で泣いている姿を見せてくれたりします。そんな、誰にも見せていない部分を理解しながらその人に接することができれば、僕からも思いやりのある言葉や行動を与えてあげられるかもしれない。そして、相手の人が何かを決めたり判断したりするうえで守護霊が見せてくれる未来なども、まったく何もないところから決めていくよりも参考になり、心の余裕もできますよね。

僕の場合は、見える情報というのは、わりと補足的に受け入れているのですが、じつは時として、とても感動的で役に立つ情報なのです。

・耳で聞く

次に、耳で聞く、というもの。僕がミディアムになる前に、あるイギリス人ミディアムの通訳で全国を回っていたことは、すでにお話ししましたが、その時にご一緒したミディアムの方が、この、耳で聞くということにとても強い方でした。

その方は、自分の守護霊が、常に耳元にいて話しかけてくるというのです。例えば、旧友に道でばったり出会って、名前が思い出せずにどうしようと思っていると、守護霊がその旧友の名前を教えてくれるというのです。なんと便利な守護霊なのでしょう！(笑)

残念ながら僕には、この「耳で聞く」という能力がないのですが、耳で聞こえるというのも、使い方によっては、とても役に立つ能力だと思います。

ちなみに、霊能力開発を始めた頃には、耳鳴りがよく起こったりするものです。これは、守護霊たちがメッセージを送ってきているのに、それを受け手がちゃんとメッセージとして受信できていないということで、そのエネルギーが耳鳴りを起こしているのです。

もちろん、疲れなどから耳鳴りがすることもあるのでしょうが、こうした耳鳴りがする時には、「何かメッセージが来ているのではないか？」と自分の心に聞いてみてください。

そういう少しの意識が、受け手の感度を大きく変えていくものなのです。

・感じる

そして最後は、感じる。この「感じる」という能力が、いちばん情報量が多くて速く、確実なのです。僕が誰かに会うと、まず一瞬にして、その人のいろいろなエネルギーを感じます。この人はこんなこと考えているのかなとか、性格はこんな感じなのかな、と。

そして、いざリーディングをする時には、この「感じる」という能力が、とても活躍してくれます。

それは、例えるならば、その人の必要な情報が、すべて一瞬にして入ってくるという感じ。ちょうど、二時間もののドラマを観たあとって、主人公の性格や人生などをだいたい理解できていて、それを誰かに話すことができますよね。そんな感じで、さまざまな情報が一気に入ってくるのです。

守護霊を見る時も、この、「感じる」という能力によって、その人がどんな人で、どんな人生を歩んできて、どんなことを伝えてもらいたいと思っているのか、といった多くの情報が、一瞬にして頭の中に入ってくるのです。

僕の場合は、この、感じるという能力が、いちばん大きく働いています。そして、感じるだけではハッキリしない時や、もっと詳しい情報が必要な時に、守護霊は、先ほどの漢字や数字や映像などを利用して、補足してくれるのです。うまくできていますよね。

このように、大きく分けて霊能力には、「見る・聞く・感じる」という三つの方法があるのですが、この三つの中でも、人それぞれに得意とする分野があったり、それぞれを使う割合が違っていたりするのです。

しかし、その自分の得意分野や割合などにも、その人なりの意味があるのです。そこをきちんと見つめて、自分には何ができて、何をしなければいけないのか、そういうことを探すことが、僕たちミディアムにとって、とても大切なことなのです。

ただ、僕などもリーディングをしていてよく思うのですが、人は、ミディアムが見たことに対して、大きく影響されたり、信じきってしまったりすることがあります。

しかし、ミディアムに見える未来というのは、その時点での起こり得る未来であり、その未来のことを話すことで、人は気持ちや行動が変わってくる。そうすると、その先の未来も、どんどん変わっていくことになるのですね。

ですから、今の時点で起こりうる未来はこういうものだと、理解した上で参考にするのはいいのですが、その見えた未来によって落ち込んだり、限界を作ってしまったりすることは、大きな間違いなのです。

以前、僕の守護霊がこう言っていました。

「メッセージと霊視力は違うもので、霊視力はメッセージの単なる補足にすぎない」

これはどういうことかというと、私たちは霊視力で「見えたこと」を尊重しがちですが、本当に必要なのは、その時に一緒に流れてくる「メッセージ」なのです。

守護霊から送られてくるメッセージは、じつに不思議なのですが、その時だけに意味のあるものではなくて、それを違う時期に聞いたとしても、また違う意味で自分に必要なメッセージとなりうるのです。

それほど、守護霊がくれるメッセージというのは、深くて考えられたものであり、そのメッセージの意味をしっかり噛みしめ、自分の栄養とすることが大切だということです。

だから、霊視で見えてくる映像というのも、それは単なる補足でしかなく、参考程度にすればいいということなのです。

世の中の「当たり前」は、ほとんどが誰かに作られたもの

この世の中には、社会上の通念というような、「人はこうでないといけない」というような考え方がたくさんあって、そこに暮らす人びとは、そういう考え方にプレッシャーを与えられたり、自由を奪われたりしているものです。

そのような「当たり前」は、日本人のようにまじめな人が多い国では特に強かったりしますが、自由の国と言われるようなアメリカなどでも、結構あったりするものです。

この、世の中の「当たり前」には、多くの人が一緒に生きていく上で、それぞれの人が快適に暮らすために必要なものもあります。ただ、「男はこうならなければいけない」とか、「女はこうでなければいけない」、「結婚はいつまでにしなければいけない」などの考えは、意外と誰かが、社会の中で都合のいいように作った常識であり、多くの人は、その常識に振り回されているだけなのです。

例えば、結婚適齢期。スピリチュアル的に見れば、結婚しなければいけない時期などというようなものはありません。ただ、親は子供ができるだけ早く結婚して一人前になって

くれたほうが安心であったりするかもしれないし、政府は人が結婚して子供をたくさん作ってくれたほうが助かるでしょうし、結婚式場などは、いつまでも結婚しない人が増えるより、結婚適齢期になったので結婚しなければいけないと思う人が増える方が、確実にビジネスの幅は広くなったりするでしょう。

だからこそ、そういう人たちの考えや行動などによって、結婚適齢期というものが作られていく。ということは、私たちがその結婚適齢期と言われるものに影響されて不安に思う必要は、まったくないということです。なぜなら、これは、誰かが都合の良いように作り出したものであるから。ただ、そうは言っても、人はどうしても、こういう社会通念に影響されたり、踊らされたりするものですよね。

男や女がこうでなければいけないというような考え方も同じです。もちろん、男と女は体の作りが違うので、まったく同じように生きることは無理です。男はどんなに頑張っても子供を産めないし、女はどんなに頑張っても男のようなマッチョにはなれなかったりする。そういうところは尊重し合って生きるべきなのでしょうが、それでも、女だからとか男だからという昔からの考えで、生き方や行動を制限してしまうのは大きな間違いです。

この、女だからとか男だからとかいう考えは、ほとんどの人が、子供の頃、親や学校の先生から学ぶことになります。親というのは、何も考えず当たり前のように、うちの子は男の子だからこの色の服を着させるとか、男の子だから運動をしなければいけないとか、そういう風に考えて、子供にもそう言い続けるものです。

そうすると普通、子供というのは、自分は男の子だから青い服を着るべきだし、趣味はピアノよりもサッカーをしなければいけないのだと自分に言い聞かせるようになります。

もちろん、本当に青が好きでサッカーが好き、というのなら、何の問題もないのですが、親に言われたから大好きなピンクの服を着てはいけないと思ったり、大好きなピアノをしたいと親に言えず、がまんしてサッカーを選んだりということが問題になるわけです。

ただ最近は、テレビで男性の女性化や女性の男性化が取りざたされたりする影響か、あるいは男女平等という考えからなのか、男の子でもピンクの服を着させたり、ピアノを習わせる親も増えてはきましたが、それでもまだまだ、一部の人の動きでしかないのです。

このような、誰かが作り出した当たり前というのは、日本だけではなく海外の国でも、意外とたくさんあるものです。僕は高校生の頃からアメリカの映画が大好きで、アメリカには自由と成功があるとずっと思い、憧れていました。でも、大学に入ってアメリカに語学留学してみると、実際のアメリカと、映画などで観ていたアメリカとは少し違う。

アメリカは人種差別がとても強いし、何よりも宗教的な考えの影響を、みんなが強く受けています。実際、アメリカの人口の約九割が、キリスト教徒だと言われたりしています。そして、彼らが聖書から受ける人生の考え方や生き方への影響は、とても強いのです。

この聖書の内容にしても、やはり多少は人の思惑なども入り、最初に作られた聖書と現在の聖書とでは、その内容が変更されたりしているらしいのです。

例えば、こんなことを聞いたことがあります。まだキリスト教ができて間もないころ、その教会にいる牧師さんたちは、みな霊感があったのだそうです。ただ、教会の数が増えてくると、すべての牧師さんが霊感を持つことは不可能になってくる。そんな時に、教会の外で、一般の人で霊感を持つ人が現れ始めると、人びとは牧師さんではなく、その霊感を持つ人に話を聞きに行ったり頼ったりするようになっていく。

そうすると、教会としては、人びとが自分たちの言うことを聞かなくなるのではないかと不安になってしまう。そこで、教会の外の人の話を聞かせないようにするため、「霊感がある者が伝えるメッセージは悪魔からのメッセージであり、信じてはいけない」と教え始めたのです。そのほうが牧師さんにとっては都合が良かったから。

だから今でもキリスト教徒の中には、霊能者が伝えるメッセージは悪魔からのメッセージだと反発する人がたくさんいるのです。このように、アメリカというのは、宗教というとても根深いところで、誰かの都合による影響を大きく受けているわけです。

また、もう一つ、アメリカ人が大きく影響を受けているのが「法律」です。僕はアメリカの航空会社で長く働いていますが、アメリカというのは、どんな小さなことでも、人をコントロールするために法律を作ります。そして、罰金や罪を設定し、それらが厳しく守られているかどうかを常にチェックするのです。

僕の仕事の場合だと、シートベルトサインが点灯している時にお客様をトイレに行かせることや、仕事のマニュアルが一ページ抜けていたりすることに対し、罰金がいくらで、どういうおとがめがあって、ということが、すべて法律で決められています。

このように、僕が自由の国だと思っていたアメリカは、じつは法律で人びとの行動をしっかり制限している、自由の少ない国なのだと知って、大変驚きました。

日本の法律も、アメリカほど細かいところまで決められていないとは思いますが、同じように我々の行動を制限しているのは事実です。

基本的に、法律というのは、人びとが暮らしていく上でスムーズにコトが運ぶように、そして、人びとができるだけ平等に暮らせるようにと考えられて作られてきた、生活上のルールのはずです。しかし残念なことに、ここでも、社会の中で力を持つ企業や団体や政治家の影響を受けてコントロールされているものが多く存在するのです。

最近、テレビでも、弁護士が法律の抜け道を考えて人を助けるような番組が多いようですが、法律も、「なぜそれが存在するのか？」をよく考えて、自分たちの暮らしに上手に生かしていくことが大切だと思います。

ここまでお話ししてきたように、世の中には当たり前のように信じられていることがたくさんありますが、それは誰かに影響されていたり、誰かの都合のために作られたものであったりすることが多い。そして、それがそのまま自分の信じた自分の生き方になってしまったために、本来はその誰かが都合の良いように作られた世界が、自分の世界になってしまっている。そういうことが多くあるのです。

世の中に起こることの、本当の意味を知る

では、自分が間違えて信じてしまっていることに気づき、本当の人生の意味を知るには、どうしたらいいのでしょうか？

それには、まず自分が「おかしい」と感じたりしたことを、「何が自分にとっての本当なのだろうか？」と疑い始めることです。

そして、「そのことが自分にとっては、本当はどういうものなのか？」ということを自分（魂）に問いただし、それを繰り返すことです。

普段の生活で特に気をつけないといけないのは、メディアです。だからと言って、ただ単にメディアが悪いと決めつけるのではなく、たくさんの情報が流れてくる中、受け手は、きちんとその意味や内容を自分で確認をしなければいけない、ということなのです。

もちろん、メディアが嘘やデタラメを言っているわけではないのですが、メディアというのは基本的に広告料で儲けているわけですから、どうしてもいろいろな人の思惑や考えが反映されてくるのです。

テレビのコメンテーターといえども、やはり人間なので、偏《かたよ》った意見を持っている人が多くの人に向けて語りかけているというのが現実です。しかし、その人の影響力はとても大きく、多くの人がその人の意見を鵜呑みにして、いつのまにか、それが自分の意見へと変わっていく……。恐ろしいですね（笑）。

これは、僕に霊感があるからなのかもしれないのですが、テレビ番組を観ていても、まずは番組を作っているプロデューサーかディレクターの思惑があり、意図的に流行《はや》りや人気を出すために作られている番組であったり、コメンテーターの意見も、一般的な考えではなく、その人の偏った信念から出ているアドバイスであったりするのが感じられます。

また、その人が本当に思っていることではなく、スポンサーが求める内容に沿って話しているという人も、たくさんいます。

ただこれも、それぞれがそれぞれの立場や役割で動いていたりすることであり、そのこと自体が良いとか悪いとかいうことではありません。

そうではなく、そういう「偏ったエネルギー」により情報発信しているメディアに対して、それをすべて受け入れて自分の考えとしてしまうのではなく、一度「自分ならどう思うか？」「何が自分にとって正しいと思われるか？」というところを考えなければいけないのです。この、「自分にとってどうか？」というところが、最も大切なのです。

正解というものは、人生の中では一つだけではなく、その人なりの正解がそれぞれあってもおかしくはないのです。その人なりの正解を見つけること、そしてその物差しで人生を見ていくことが、とても大切なのです。

では、どうすれば、この自分の「正解」が分かるのでしょう？　自分にとってどうかということを、どのように確認できるのでしょう？

それは、自分の魂に聞くことです。あなたの魂は、あなたにとって何が正しくて何が不要なのか、人生の本当の意味なども、すべて分かっています。

そして、「腑に落ちる」という感覚で、一つ一つの意味を確認しましょう。

腑に落ちるというのは、自分の胸のあたりにある魂に聞いてみるということです。その時、胸がスッとするときは良い意味だし、なんかモヤモヤするとか引っかかるような感じがするときは、問題があったり、その時期ではなかったりするものなのです。

この、腑に落ちるという感覚を意識して磨くことができれば、結構なんでも確認ができるようになるものです。例えば、マンションを購入しようと考え、モデルハウスも気に入り、購入手続きも進んでいたとします。そういう時に、自分の胸のあたりに「この物件は買うべきですか？」と聞いてみましょう。

そのままスッと納得できるようなら買ってもいいし、何か分からないけど胸のあたりに引っかかるものがあり、スッキリしないというのであれば、もう一度考え直すべきです。

今はその時期ではないのか、他の物件でもう少しいいものがあるのか、その理由はさまざまでしょう。しかし、その理由がハッキリするくらいまでは、大きな決断を起こさないほうがいいと思います。

この、腑に落ちるという感覚は、じつはとても役に立つもので、僕はリーディングをする時にも、大いに利用しています。例えば、リーディングをしていると、「その人の人生の転換期がやってくる」というようなメッセージを受け取ることがあります。そして、そのあとに数字の「6」を見せてくれる。しかし、その転機が今年の六月なのか、六カ月後なのか、あるいは六年後なのか、そのあたりがハッキリしない時があります。

そんなとき僕は、自分の胸のあたりに聞いてみます。そうすると、「ああ、これは今年の六月のことを言っているのだな」と確認ができたりするのです。もちろん、あらためて守護霊に聞いてもいいのですが、この方法の方が、早くて確実なのです。

では、この腑に落ちるという感覚を、先ほどの、メディアの内容を判断する時に利用すると、どうなるでしょうか。

あなたがテレビを観ていて何か違和感があったり、不安や恐れを感じることがあったりしたら、まず、自分の胸のあたりに聞いてみるのです。「この情報や意見は自分にとって本物なのか?」と。

そして、何か胸に引っかかるように感じる場合は、さらに「自分にとっての本当の意味は何なのだろう？」とか「自分は本当はどう思っているのだろう？」と考えるのです。

そうすると、頭の中にいろいろなヒントが浮かんできたり、「自分はこう思う」という考えが浮かんできたりします。その考えを自分の中に取り入れ、大切にしてあげればいいのです。

メディアの情報といえども、すべて自分にとって正しく、それを取り入れないといけないなんて考える必要はありません。

むしろ始めから、メディアの中の情報は誰かの一つの考えなのだと思い、おそらく自分とは違うはず、と考えたほうがいいのかもしれません。世界じゅうの人が赤と言っても、自分は青だと思えば、心の中で青だと思っていればいいのです。

この、腑に落としてみて、腑に落ちないのなら自分はどう思うか、という練習を繰り返していれば、メディアが言うことに対して自分はこう考える、という思考回路が、自然とできてくるようになります。

そうすれば、もはやメディアだけではなく、職場でも、プライベートな部分でも、「自分にとっての本物は何か」ということを常に意識するようになり、「自分にとっての正解」が分かりやすくなってくるのです。

本当の自分を知るということ

さあ、このように自分にとっての本物というものが分かってくると、次に進むステップは本当の自分を知ることです。僕が霊能者になってすぐの頃も、守護霊から送られてくるメッセージを通じて、よく「本当の自分を見つけて、本当の自分で人生と向き合ってください」と、サロンに来たお客さんに伝えていました。しかしこれは、当時の僕へのメッセージでもあったのです。

私たちがこの世に生まれてきたとき、魂は、「本当の自分は何なのか?」「何を目的としてやってきたのか?」などを覚えていますが、生活して人と関わったりすることで、だんだんとその本来の自分を忘れてくるようになります。

そして、いちばん影響力のあるのは、なんといっても、両親などの育ててくれた人たちです。私たちは、想像もつかないほど、子供の頃に育ててくれた周りの人たちの影響を受けて自分を変えていき、本来の自分を忘れてしまいます。

子供というのは、周りの人やエネルギーに対して、とても繊細で、傷つきやすいものです。なので、親や周りの人が言ったことにも、いちいち傷つき、そのために、自分を変えて信じていくという防御反応を起こすのです。

例えば、とても頭が良くて、なんでもきっちりできる親がいるとします。そして、その親は、自分の子供を見るたびに、自分の物差しで子供を判断します。そして、その子供が特に頭が悪いわけでも、ドジなわけでもないのに、親は、「なんでうちの子は頭が悪くて行動が遅いのだろう」と考えたりするものです。

そして、最悪なのは、そう思った気持ちを、子供が傷つくということを考えずに、「お前は俺の子供なのに、どうして頭が悪くてどんくさいんだ」と何回も言うようになることです。そうすると子供は、親からそう言われるたびに、自分は頭が悪いのだ、親にも嫌われていているのだと考え、傷つきます。

そして一生懸命、親に愛される子供になろうと努力して、自分らしさを無くしたり、傷ついてしまった心を閉ざしたりしながら、自分のことを嫌いになり、自信もなくしてしまうことになるのです。

もちろん、親は子供を傷つけるつもりで言っているのではないにしても、子供自身は大きく傷つき、トラウマを作ってしまっていることがあるのです。このように心に大きな傷を持ってしまった子供は、その傷に蓋をして、できるだけその傷を忘れられるように、さまざまな「くふう」をし始めます。

例えば、自分は、本当は文系が好きなのに、親が勉強してほしいと思う理系に頑張って進むとか、親のしてほしいことにいつも敏感になって、良い子だと言われるように必死に親の望むような子供になろうとするとか……。

こうして子供は、必死になって、親に好かれるためや、心の傷を見なくていいように、どんどん本来の自分とは違う自分を作っていってしまうのです。

このように、ほとんどの子供は、大なり小なり、心のトラウマを持つものです。そして、大人になるにつれて、自分が傷ついたことや、一生懸命に自分を変えていたことなどを忘れて、どんどん、変わった自分が本当の自分だと信じるようになっていきます。子供の頃のさまざまな経験や親の影響などを受けて、本当の自分をすっかり忘れてしまうのです。

ただ、このように話していると、親というのはとても影響力があり、いかにも子供を傷つけている悪い人のように聞こえてきますが、じつはそういうわけでもないのです。

なぜかというと、子供は親よりもあとに、この世に生まれてきますよね？　ということは、子供の魂は、生まれてくる前に、自分の人生の課題や経験しなければいけないことを決め、その計画に合った親を自分で選んで来る、ということなのです。

だから、子供がよく、親に対して、「自分は親を選べなかった。自分がかわいそうだ」というようなことを言ったりしますが、あれは間違いであり、すべての子供は、自己責任で親のもとに降りてきているのです。

さて、ここで問題となってくるのは、本来この世界に生まれてきて達成しようとしていたことや、自分の本来の興味や性格を忘れてしまって生きている、という状態です。自分の進むべき道を勘違いしていたり、自分自身を偽《いつわ》って生きてしまっている人は、何をやっても上手く進まなかったり、一般には幸せと呼ばれるような状況にいても、なぜか本人にはシックリこなくて、それほど幸せに感じられなかったりするからです。

しかしそういう経験も、案外、多くの人にあるのではないでしょうか？　生きていてもワクワク感を感じられないとか、自分らしく生きていない気がするとか、人生に不満ばかり感じてしまうような人は、まず、この「本当の自分」を見つけることが大切なのです。

では、本当の自分の性格や興味、そしてこの世でやろうとしてきたことを思い出すには、何が必要なのでしょうか？

方法としては、さまざまなものがあります。基本的には、瞑想などをして自分を見つめ直すこともいいでしょうし、自分の思考や、よくとる行動のパターンなどを観察していても、自分の傾向が分かってくるものです。

ただ、それだけでは、それが「本当の自分」なのか、自分を変えて信じてしまっている「偽りの自分」なのかを見分けるのは、少し難しいかもしれません。

そういう時は、僕たちミディアムのような、守護霊からのメッセージを伝えられる人に会って、自分の本当の姿やこれからやらなければいけないことなどを聞くのもいいでしょうし、あるいはタロットカードを利用することも一つの方法だと思います。

気が向いたときにタロットカードをひいたりすると、何回も同じカードが出てくることがあります。そういう時は、そのカードのメッセージが、今の自分にとても大切だったりするのです。そして、その問題に気づいて自分の考え方を変えたり、行動したりすることで、今まで何度も出ていたカードが出なくなる、ということもよくあるのです。ですから、同じカードが何度も出てくるような場合には、自分への大切なメッセージなのだと思い、そのメッセージを大切に扱いましょう。

あと、自分自身を見つける方法として、一番のお勧めは、子供の頃（幼稚園ぐらいから小学校の低学年）あたりに持っていた興味や、将来の夢を思い出すことです。

この頃というのは、魂がまだまだ純粋に自分の考えを持っているもの。ですから、この頃に興味のあったことや、将来やりたいと思っていたこと、意味も分からずに何回も言っていたことなどは、そのままその人がその人生でやらないといけないことや、そのために必要なことだったりするのです。

例えば、僕は子供の頃、自分からピアノを習いたいと言って、毎日、何時間も練習していました。じつはこれは、ピアノを弾きながら自分との対話をすることで、瞑想の時間を持っていたのです。それに、小学校から九年間、合唱団に所属していましたが、歌は、ミディアムとして大切な呼吸法を身につけるためのものでした。

また、幼稚園の誕生日に「何が欲しい？」と聞かれて、「英語の本が欲しい」と言ったことがあります。英語を話せたら世界じゅうの人と話せると思っていたのですが、今の自分が英語を使って仕事していることを思えば、やはり魂は、ちゃんと「分かっていて」、その準備をしようとしていたのです。

このように、大人になってから自分の子供の頃を思い出してみると、意外と将来の自分に必要なものを話したり行動しようとしたりしているものなのです。

では、実際に、子供の頃の興味などを思い出したとして、それが本当の自分の姿だということを、どのように確認したらいいのでしょうか?

それは、子供の頃にやりたかったことを、実際にやってみる期間を作ってみることです。まず、数カ月でいいのですが、自分で期間を決めます。次に、自分が子供の頃に興味があったことや、好きだったことを思い出し、紙に書き出します。

そうすると、あることは、親から「あなたは男の子(女の子)だから、やめなさい」と止められたことや、あることは、お金がなかったからできなかった、ということを思い出し始めます。あるいは、子供の頃は大好きでやっていたことなのに、大人になってからは、やらなくなってしまっているようなことなども思い出してみます。

そうすると、その時の自分の気持ちや考えを少しずつ思い出したりして、だんだんと自分を見つめることができるようになってきます。そこで、その子供の頃にできなかったことや、もうやらなくなってしまっていることを、実際に試してみるのです。

例えば、子供の頃は兄弟が多くて、親がケーキを買ってきても、いつも取り合いをしていたとします。そして、「いつかホールケーキを丸ごと一個買ってきて、それを全部、一人で食べたい!」と思ったことがあるのなら、実際にホールケーキを買ってきて、一人で食べるのです。そうすると、子供の頃は、やってみたいと思って憧れていたけれど、ケーキは二切れも食べれば充分だ、ということに気づきます。

この、実際に行動してみて、自分の中で自分の考えが決まり、納得することが大切なのです。この例のように、ホールケーキを一人で食べてみたいのに、実際に試したことがなく、中途半端な状態で忘れてしまうことが、いちばん良くないのです。

もちろん、この反対もあります。やりたいとずっと思っていたことをやってみて、「やっぱり自分はこれをやりたかったのだ！」と確信することがあります。そういうものは、そのまま頑張って続けてみればいいのです。

これは決して、その道で仕事をするというようなことだけではなく、そのやりたかったことが自分を幸せにしてくれたり、ワクワクさせてくれたりすれば、それでいいのです。この繰り返しで、本当の自分が見えてくるのです。

同じように、自分が大好きで子供の頃やっていたことで、大人になってからしなくなっていることを、もういちど実際にやってみて、確認することも大切です。

例えば、子供の頃、音楽が大好きでクラシックピアノを習っていたとします。でも、就職してから忙しくなって、ほとんどピアノを弾かなくなり、もう前のようには弾けないだろうなあと思いながら過ごす。そういうことは、多くの人にあることだと思います。そういう人は、もう一度、ピアノを習い始めてみましょう。

それは、クラシックピアノかもしれないし、ジャズピアノかもしれないし、ピアノの弾き語りかもしれない。とにかく、関連するものを探してみて、気になるものにトライしてみるのです。

最近は、体験レッスンとかもあるので、そういったものを活用してみるのもいいでしょう。そうすると、新しい分野に出会うかもしれないし、とっても素敵な師匠に出会えることになるかもしれない。そういう「挑戦」が、人生にワクワク感をもたらせてくれるのです。

僕のところにリーディングに来られる方には、自分の中の強いエネルギーを自分の外に出す方法が分からなくて、悩んでおられる方も多いのですが、そういう人も、リーディングで守護霊がアドバイスしてくれたような、自分に合う趣味のようなものを見つけると、どんどん輝き始めて、前向きな行動をとるように変わっていきます。人は、自分の中の「正解」を見つけると、とても強くなっていくのです。

このように、子供の頃に興味があったものなどに挑戦していくと、意外な自分や、勘違いしていた自分に気づくことができます。そして、その「自分らしさ」をたくさん見つけて「自分らしく」生きていくことで、自分の魂が本来目的としてきた人生に近づいていく。

人生とは、そういうものなのです。

あと、本当の自分を知る方法が、もう一つあります。それは、自分の中の「強い思い」に気づくことです。

例えば、スピリチュアルに興味のある女性はとても多いものですが、たまにそういう女性のご主人が、スピリチュアルに対して強い反発を示すことがあります。中には、スピリチュアルの本を読むことも買うことも禁止、スピリチュアル系の集まりに参加したり友だちを作ったりすることも許さない、というようなご主人もいるのです。

このように、何かに対して強い感情を持つということは、そこにとても大きな意味があるものです。もし何もないのなら、奥さんがスピリチュアルに興味があっても、気にならないはずなのです。

このようなご主人は、これまでに何か嫌な経験をしたことがあるとか、親がスピリチュアルなものを毛嫌いして、その影響を受けているとか、または反対に、親がスピリチュアルにハマっていて、自分はそうなりたくないと子供の頃から思っていた、など、その理由はさまざまです。

ただ、こうした「強い思い」を持っていることに対して、「なぜそのように考えるのか」

を理解しなければいけないのです。その強い感情の中には、自分が気づいていない「何か」が隠されているはずだからです。

守護霊は、よく、「本当の自分を見て、向き合いなさい」と言われます。人というのは、それだけ、自分のことを分かっていなかったり、忘れていたり、勘違いしたりしているものなのです。

また、トラウマなどから本当の自分を隠したりする人は、本当の自分を隠すために、知らないうちにたくさんエネルギーを使っています。だからこそ、本当の自分を見つけて、本当の自分で生きていくと、そこに心の平和が生まれるのです。それが、人生のゴールなのですね。

念を上手に使うコツ

この章を終えるにあたり、ここで、人間の持つ「念」について、少しご説明しておきたいと思います。

念というのは、人間が作り出す想念のことですが、この想念というエネルギーが、じつは私たちの周りの世界や将来を作り出しているのです。

この念というエネルギーは、誰もが持っているのですが、その人によって強かったり弱かったりするものです。念の強い人と話していると、「何かが欲しいと思ったら次の日に友だちがプレゼントしてくれたのよ」というように、とても速いスピードで将来が作られていくのが分かります。

このように、自分の中で「こうなってほしい」と強く思うこと（信じること）が、私たちの人生を大きく変えていくのです。

ただ、守護霊が言うには、この念というものは、良いものも悪いものも、思った瞬間に将来に向けて放たれるため、そのコントロールの仕方に気をつけなければいけない、ということです。

思いというのは、思った瞬間に未来に向けてエネルギーを放つのです。つまり、「私はこうしたい！」という思いを強く願っても、「やっぱり自分はダメかな？」とか思ってしまうと、その「ダメかな」という思いは、その人の純粋な心から自然に出ているものなので、逆に、とても強く、未来に向けてエネルギーを発してしまうのです。

ですから、思いの中にネガティブな考えが出てきたら、「今のは、なかったこと！」と否定することが大切です。

あと、普段からネガティブなことや文句ばかり言っている人も、結局、このネガティブな念を常に未来に向けて送っているようなものです。

以前、僕の乗務している飛行機に乗ってきたお客様で、乗ってからずっと文句を言っている方がいました。しかも、三〇〇席くらいあるエコノミーの満席の中で、その人のテレビだけが壊れていて、さらに文句を言っておられるのです。

自分はこうなるとか、自分はこうだとかいう思いを持つことで、念はすぐに飛んでいきます。そして、ネガティブな思いも、確実に未来に向かって飛んでいくので要注意なのです。

また、念の「飛ばし方」にも、少し気をつけないといけないことがあります。僕の亡くなった祖母は、とても元気な人でした。そして、彼女は若い頃からずっと、「将来、寝たきりにはなりたくない」と話していたのです。しかし、亡くなる前の何年かは、寝たきりになってしまいました。

僕はずっと、「どうして祖母は寝たきりになってしまったのだろう?」と考えていたのですが、あるとき答えが分かりました。

それは、祖母が「寝たきりになりたくない」と話していた時、頭の中では、自分が寝たきりになった将来の姿を想像しながら話していたのだと思うのです。それが、未来に向けてエネルギーが放たれて、実現してしまった。

ですから、こういう時は、「○○になりたくない」ではなく、「私は、『楽しかった』と言っていつものようにベッドに入り、そのままポックリ亡くなります」というような言い方をしたほうがいいのです。

どのようにしたら念を上手に飛ばせるのか？　これには個人差があると思いますが、僕はいつも、起こってほしいことを口で言いながら、頭の中でそれが実現している場面を想像します。そして、それと同時に、「第三の目」のあたり（眉間《みけん》のあたり）から、その念が前に放たれ、未来に向けて強いエネルギーが流れていくところを想像します。

それを、何回も何回も、自分の中でポジティブに念じます。

この時の集中力と、自分を強く信じることで、将来に向けてのエネルギーは、どんどん力強く放たれようになるのです。

第三章　守護霊とスマホの相性は、めちゃくちゃいい！

守護霊は、スマホやパソコンを使って、私たちにたくさんのメッセージを送ってきているって知っていましたか？　じつは、守護霊がメッセージを私たちに送るときのエネルギーというのは、「ピピピ」という、電気のようなものなのです。だから、そのエネルギーと似ている電気系統を使って、いろいろなことができるのです。

霊能力開発をする際に、もっと強くエネルギーを感じたり、メッセージを受け取りやすくしたい時とかに、「とにかく瞑想をしなさい」と言われることが多いのですが、それはなぜだか分かりますか？

僕も、「どうしてそんなに瞑想をしなければいけないの？」と、いつも疑問に思っていたのですが、それは、メッセージというのは、こうしたピピピという「弱い」エネルギーであり、そのエネルギーを感じやすくするためなのです。

つまり、このピピピというエネルギーはとても弱いために、心が乱れていたりすると、なかなか感じにくいのです。しかし、瞑想をすることで、集中力と心の平常心が得られやすくなる。そして、そのピピピというエネルギーを感じやすくなる。

ちょうど、風がなく水面がまったく揺れていない湖に小さな葉っぱが落ち、水面が小さく揺れていく……僕の感覚では、そのような感じです。

それでは、その集中力と心の平常心は、どのようにして鍛錬することができるのでしょうか？

もちろん、瞑想をすればいいのでしょうが、ただやみくもに瞑想をすればいいというわけでもないのです。瞑想をとにかく「たくさん」すればいいというものではなく、瞑想をすることの意味を、きちんと理解した上でおこなうことが大切なのです。

私たちはいつも、仕事やプライベートなことに関して、さまざまなことを考えています。そして、時間に追われたり、悩んだり、怒ったりと、いろいろな感情を作り出しています。その感情をいったん取りのぞき、心を無の状態に近づけていく。それが、瞑想の本当の意味だと思うのです。

例えば、瞑想中には、いろいろな思いや考えが出てきます。それが多ければ多いほど、心に何か考えることや悩みがあるということであり、心の中の平常心が乱れているということ。その一つ一つをよく見て、それぞれの出来事が自分にどのような影響を与えているかを考えるのです。

何度も瞑想中に出てくるようなことというのは、あなたにとって今、とても重要なことであり、何かしらの解決が必要なことなのです。そのようなことに気づき、それを自分の中で一つずつ解決していくことも、また重要な流れなのです。

その時に、とても必要になってくることが、前にお話しした、世の中のことはすべて意味があって起こっているということを理解し、ジャッジすることをやめることです。

このことができていれば、本当の意味での心の平常心が得られます。

この、心の平常心をきちんと持てている人であれば、普段の生活が忙しかったり、何か問題が起こったりしたとしても、ちゃんと必要な時には平常心を呼び戻すことができるのです。そして、私たちの周りにあるエネルギーや守護霊からのメッセージを、ちゃんと感じ取ることができるようになるのです。

あと、集中力というのは、何かに没頭する時間を多く持つことでも得られるものだと思います。自分の趣味や仕事などを通して、人は集中力を得るのです。

例えば、ピアノを弾くことやマラソンをすること、読書をすることなど、自分が興味があって楽しいと思うことをしていると、自然と人は集中力が増してくるものです。

そして、そうした集中をしながら、知らず知らずのうちに自分との対話を始める。この、「自分との対話」が、とても大切なのですね。

自分との対話がきちんとできると、自分の今の状況を見直すこともできるし、場合によっては自分を元気づけたり励ましたりすることもできる。それはつまり、自分との対話というのは、結局、自分の「魂と」話していることになるからです。

何か好きなことをして没頭している時というのは、頭の中で考えている時に対話している自分とはまったく違い、きちんと自分の魂と向き合い、対話をしているのです。

この違いに、よく注意を払って、確認をすることで、その違いがだんだんと感じられるようになります。このように、自分の集中力と平常心を得ることができてくると、守護霊からのメッセージはもちろん、私たちの周りにあるさまざまな人や物のエネルギーが、感じやすくなってくるのです。

電気系統と守護霊の不思議な関係

では守護霊は、電気系統の方法を使って、どんなことをしているのでしょうか？　答えは、「ありとあらゆること」です（笑）。

例えば、守護霊が自分の存在を分からせるために、そこにある電球をチカチカさせることもあるし、インターネットで何かを調べている時に、その人に必要な情報にたどり着くよう、なんとなくコントロールすることもできる。あるいは、飛行機の計器を狂わせて便に遅れを生じさせたり、キャンセルにしたりすることだってできます。

それはもちろん、守護霊が遊んでいるわけではなく、あなたに必要なメッセージや気づきを与えたり、特定の状況を作ったりするために、いろいろ仕組んでやっていることなのです。

だから、電気系統のトラブルがあったり、インターネットをしている時に、いつもと違うサイトにたどり着いた、などという時は、守護霊からのメッセージ性も、より強いということになるのです。

僕の場合、ブログを書いている時になんとなく気が乗らない内容になってきたりして、「これは違うかなあ」と思いながら書き進めていると、書き終わってそのブログの公開ボタンを押すと、なぜかコンピューターが固まってしまう。そして、やっと動くようになったと思ったら、ブログは公開されていないし、書いた内容も消えてしまっている……。

そういうことって、みなさんにもありませんか？　僕の場合、こういう時は気持ちを取り直して、まったく違う内容のものを書いたりすることにしていますが、そうして内容を変えると、今度は問題なくブログのアップができる。

守護霊はこうして、やらなければならないもの、必要ではないものなどの見きわめをして、調整してくれているのです。

また、守護霊はこんな面白いこともしています。それは、人の体の中に電流のようなものを送って、いろいろと操作しているということです。

人の体の中には生体電流が流れていて、脳から神経細胞を伝って信号を送り、意図的に手足を動かしたり、心臓のように、ある周期を持たせた電気信号で動く臓器が備わっていたりします。それに、血液も、正常な人は弱アルカリ性で、電気を流しやすい性質を持っているのだそうです。

分かりやすく言うと、人の体は電気でいろいろと操作されているため、守護霊にとっては、電気製品などと同じように、人の体も、好きなようにコントロールできるということです。

例えば、守護霊が人の中に入り込んで、その人の口から何かを言わせたり行動させたりしていることがあるのですが、それは多分、その人の体や脳に電流を流して、そう行動するように仕向けているのです。

僕もたまに、守護霊が僕の体の中に入ってきて、突然、周りにいる人にメッセージを伝えさせられたりすることがあります。こんな時は本当に不思議で、急に、考えてもいないことを口から発したりするのです。

このように、口から言葉を発するということができるのですから、例えば右足を上げるとか、体の動かし方や行動などをコントロールすることも、できることになります。

そして、必要であれば、この電流を使って脳などに指令を出し、あえて病気になるなど、体のコンディションを調整することもできるのです。すごいですね！

さらにもう一つ、僕の中で不思議だなあと思うことがあるのですが、それは、携帯電話などの電子系統を使って守護霊からのメッセージを伝える時、そのメッセージのエネルギーの流れは、明らかに普段と違い、メッセージの言葉も、いつもとは違っているということです。

例えば、メッセージを相手に向き合って伝える時は、ある程度、僕の話し言葉に変換されて、普通の話し方でメッセージとして伝わってくるのですが、携帯メールなどを通してメッセージを伝える時は、メッセージで使われる言葉が、守護霊が話しているそのままの状態で降りてくるのです。

なんというか、僕に伝わってくるエネルギーの質みたいなのが違っているのです。携帯などを使ってメッセージを伝える時は、エネルギーが純粋に、そのまま伝わってくる感じで、それは、守護霊が電気系統を使っていろいろなことをしていることの、証明でもあるのでしょう。

実際に、守護霊からのメッセージを受け取ってみよう

守護霊は私たちに、常にたくさんのメッセージを送ってきてくれていますが、私たちはそのメッセージを、あまり上手にキャッチできていません。

それでも守護霊は、こうしたらもっと理解してくれるだろうかと、いろいろな策を練りながら、私たちに語り続けてくれているのです。だから私たちも、守護霊のメッセージを上手に受け取れるように準備してあげることで、守護霊も喜ぶし、私たちもメッセージを良い形で利用しながら、前に進んでいけるのです。では、守護霊からのメッセージをうまく受け取るには、どうしたらいいのでしょうか?

メッセージは、守護霊から毎日たくさん送られてきていますが、私たちは、たまにしか、うまくキャッチできません。しかし、このキャッチする「感度」を上げていくことは、誰にでもできるのです。

例えば、本を読んでいる時に、なぜか、ある一文が気になった、というようなことがありますよね? そういう時は、守護霊からメッセージが来ていることが多いのです。

そうした、「何か気になる」ということが起こった時に、「それは何だろう?」「どういう意味があるのだろう?」と、常に考えてみるのです。

普段からそのように考えていると、体の中からメッセージをキャッチするアンテナが、どんどん出てくる。そして、さらに「どういう意味があるのだろう?」と思い続けていると、必ず守護霊は、なるほどこういう意味だったのだという答えを送ってくれる。

この、体からアンテナをたくさん出している状態によって、守護霊からのメッセージを受けやすくなるのです。そうすると、次第に、これは守護霊からのメッセージだな、とか、そのメッセージはこういう意味なのだな、ということが、分かるようになってくる。

先ほどもお話ししたように、守護霊というのは、私たちにどのように伝えたらメッセージを理解してもらえるのかと、常に頭を悩ましながら、「これでどうだろうか？」「違う方法の方が分かりやすいだろうか？」などと考えながらメッセージを送っています。ですから、メッセージもさまざまな形でやってきます。

例えば、テレビドラマの俳優さんが言ったひとことが僕に対するメッセージと感じる時もあるし、たまたま会った友人の口から出たひとことが大切なメッセージということもある。あるいは、朝からずっと同じ言葉が、通りの看板とか同僚との会話の中に出てくる、ということもあります。

このように、少し注意をしていれば、これはメッセージなのだろうと思うことが、じつは毎日、たくさん起こっているのです。そして、そういうメッセージを「自分にとってどういう意味があるのだろう？」と常に考えることで、少しずつその意味が分かるようになってくるのです。そうすると、自分が進むべき道が、なんとなく見えてきたりすることもあるでしょう。

ちなみに、僕がお勧めしている守護霊との交信の仕方は、夜寝る前などのリラックスした時に、守護霊に質問をしてみることです。

例えば、白と黒のどっちが自分にいいのか、悩んでいるとします。そういう時は、寝る前、守護霊に、自分にとって白と黒のどちらがいいのかを聞いてみるのです。そして「自分に分かりやすい方法で教えてほしい」と頼みます。すると、守護霊は試行錯誤して、いろんなことを試してくるでしょう。例えば、朝起きてテレビをつけたら、いきなり「白！」というメッセージが入ってくるとか。

でも、普通、それだけでは、なかなか納得できませんよね。そういう時は守護霊に、「分かりやすい方法で、もっとメッセージをください」と頼む。そういうお願いを繰り返していると、その日はやたら白い洋服の人が目立ったり、白をイメージさせる内容の看板や会話が続いたりするのです。

そうすると、ある時、自分の中で、「この選択は白でいいのだ」と納得できる瞬間がある。それがメッセージなのです。

人にはそれぞれ、メッセージを受け入れやすい方法というものがあり、同時に、その人によって理解しやすい形というものがあるのです。ですから、守護霊は常に、「この人が納得しやすい形は、どんなものだろう？」と考えながら、いろいろ試してみてくれるのです。守護霊も結構、大変ですよね（笑）。

亡くなった人も電気系統を使っている

私たちは、愛する人が亡くなってしまうと、その人の存在を懐かしみながら考えたり思い出したりしますが、亡くなった人の魂は、結構、私たちの周りにいつもいるものなのです。そしてその魂は、守護霊と同じように電気系統を使って、自分の存在を知らしめたりメッセージを送ってきたりしているのです。

僕がリーディングしていてもよく分かるのですが、亡くなった人というのは、自分が近くにいつもいるということを分かってほしいみたいなのです。だから、自分がここにいるということを知らせるために電球をチカチカさせることもあるし、たまたま喫茶店で亡くなった人の話をしていたら、そこにその亡くなった人の好きだった曲がかかったりするのも、「私はここにいますよ」というサインだったりするのです。

そういう時に、亡くなった人はいつも周りにいるのだな、と理解してあげると、彼らはとても嬉しそうにしているのです。

要するに、魂としては同じ存在なので、亡くなった人も守護霊も、同じように電気系統を使っていろいろなことができるということです。

ある時、こんな話を聞いたことがあります。僕の主催するスピリチュアルな勉強会に、小学生のお子さんが病気で亡くなったというお母さんが来られていました。そして、そのお母さんが言うには、子供が亡くなってから携帯電話にメールが来たというのです。

それはもしかしたら、そのお子さんが亡くなる前に送ったメールが、何かの理由で遅れて届いたのかもしれません。でも、たとえそうだとしても、それも何かの力によって計画されたもので、お母さんを励ますためにメールが遅れて届くようになっていたのですね。

僕のサロンには、小さなお子様を病気や事故で亡くされた方が、多く来られます。そのほとんどの方たちは、自分の子供さんが亡くなったことをなかなか前向きにとらえられずに、苦しんでおられる方たちばかりです。

でも、守護霊はこういうことを言います。「小さくして亡くなっていく子供たちの魂は、そのことをボランティアとして、自分で選んでやってきているのだ」と。

私たちの魂の目的は、この地上でさまざまなことを経験していくこと。その中には、楽しいことも、つらいことも含まれます。そして、そのために魂は、いろいろな立場で生まれてきて、自分の役割をまっとうさせることが必要になります。

その中には、障害者として生まれてきたり、子供の頃に病気で亡くなったりするという役割もあるのです。そうすることで、自分や周りの人に、学びや成長を経験させてあげることができるからです。

もちろん、家族が苦しんで亡くなっていく姿を見るのは、とてもつらいことです。でも、その子の魂は、たとえ肉体がなくなったとしても必ず近くにいて、家族と一緒にいろいろなことを経験しようとしているのです。そして、優しく家族を見守っているのです。

子供が早くに亡くなってしまう、または生まれてくる前に亡くなってしまう。それも、その魂がボランティアで来てくれているのだと守護霊は言います。そんなふうにボランティアとして来てくれる魂とは、家族としての絆がちゃんとできていて、肉体は存在しなくとも、お互い家族として、そのつながりは育っていくのです。

ですから、そんな子供たちの魂が、自分が亡くなった後に悲しみで苦しんでいる家族を見ることは、とてもつらいことなのです。

亡くなった子供のためにも、残された家族は前向きに生きていかなければいけない。そして、病気や障害で苦しんでいる人を私たちが見かけた時も、それを「かわいそう」と思うのではなく、「今回は大変な人生を選んできたんだね。頑張って！」と考えてあげるのが正解なのです。

いつかは自分の魂も、そういう人生を歩むことになるかもしれないし、すでに過去世で経験しているかもしれない。みんなが通る道なのです。

スピリチュアルなエネルギーというのは携帯電話の電波のようなものだと、よく説明されていたりしますが、本当にそういうものだと僕は思います。携帯の電波も僕らには見えていませんが、確かにそこに存在して、しかもとても複雑に、巧妙にちりばめられている。守護霊や亡くなった人たちも、そんなエネルギーを利用して、私たちにいろいろなことを伝えようと、日々、挑戦しているのです。

第四章　守護霊からのメッセージを読み解くコツ

守護霊からのメッセージを受け取り、それを正しく読み解いていくためには、いくつかのコツのようなものがあるのですが、その前に、まず、「リーディング」と「ヒーリング」の違いを、ご説明したいと思います。この、リーディングとヒーリングを同じものだと勘違いされている人も多いのですが、じつは、この二つは、目的が違っているのです。

まず、リーディングというのは、その魂がオーラの中に持っている過去世や現在、そして未来にありうる状況の情報を伝えたり、守護霊や亡くなった方たちからのメッセージを伝えたりすることで、その人がいま立っている場所の確認や手助けをしていきます。

私たちには、みなそれぞれ、人生の越えるべきハードルとなる問題点や、経験するべきカリキュラムなどの目的が決まっています。そして、その目的をさまざまな視点から見つめることで、現在や、これからの自分に必要な、行動や考え方のヒントが得られます。そのヒントを得ることが、リーディングの目的です。

よく、未来を当てる霊能者が良い、と考える人がいますが、この目的からすると、その人自身が自分をきちんと見つめ直し、必要な決意や行動を持つ手助けのできる人が、本当の霊能者なのだと思います。

「霊能者は誰かを変えたり治したりするのではなく、魂と魂で寄り添うことが大切だ」と僕の守護霊がよく言っていたのですが、本当にそう思います。

僕がサロンを開いてリーディングを始めた頃は、相談に来られた方がその後どうなったのかということを、よく考えていました。しかし、そうすると、僕の気持ちの中で、その相談者の方との想いが「つながったまま」になってしまうのです。

そして、そうした人が多くなってくると、僕の抱えることも多くなり、次第に負担となってくる。実際、そんなことをしていたら、自分の体がもたなくなるのです。それと同じように、相談者の方が僕に寄りかかり過ぎてもいけません。

相談者の中には、霊能者と話したらすべてが良くなると本気で信じている人も多くいます。でも、結局変われるのは、自分自身の「考え」からなのです。霊能者というのは、その人に必要な気づきやヒントを与えることはできますが、その人の人生を変えることはできません。

リーディングに来られた方の中には、「アキラさんのおかげで人生が変わりました」と言ってくださる方もいるのですが、「それは僕のおかげではなくて、あなた自身の力なのですよ」と、お話しするようにしています。

このように、リーディングというのは、魂と魂が一つになるというような関係ではなく、あくまでも魂と魂で「寄り添う」くらいが、ちょうどいいのです。

僕は今では、リーディングが終わったら、その人と話した内容などを、あっという間に忘れてしまうようになりました。これも、僕が負担を大きくしないように、守護霊さんが調整してくれているのだと思います。

リーディングで情報を得るための二つの方法

リーディングをする際に、相談者の情報を得る方法が、大きく分けて二つあります。

それは、その人のオーラの中にある情報を取りに行く方法と、守護霊から直接メッセージをもらって教えてもらう方法です。

では、もう少し細かく、この二つの方法を見てみましょう。

まず、オーラの中にある情報を取りに行く方法からご説明します。

私たちのオーラの中には、とんでもない量の情報が蓄積されています。今まで何回も輪廻転生を繰り返してきた魂の記憶や現在の暮らしの中の情報、そしてこれから起こる可能性のある未来――。さらに、その人の持つ性格や考えなども、その中に情報として入っています。霊能者は、そのオーラの中にある必要な情報を見つけて伝えるだけなのです。

では、その、オーラの中にある情報を得るためには、どのようなことをすればいいのでしょうか?

簡単に言うと、まず、自分のオーラが自分の体の周りにあることを想像します。そして、そのオーラが相手のオーラにかぶさり、一つになるところを想像するのです。そうすると、その人の中にある情報が見えてきたり、自分のことのように感じたりしてくるのです。

例えば、自分が経験したことや感じていることというのは、いつでもすぐに分かりますよね。それと同じように、オーラをかぶせて一つにすると、その人の経験したことや感じていることが、自分のことのように分かってくるのです。

普段でも、誰かに会った時、「この人はイライラしているな」というようなことを感じることは誰にでもあると思います。この、イライラという感情は結構強いエネルギーなので、自分のオーラの中に入ってくると分かりやすいのですが、そのほかにもさまざまな情報が入ってきているのに、そこに気がついていないだけなのです。

ですから、この「情報が入ってくる」という感覚に自分の中で気づくことができれば、さらに、さまざまな情報が入ってくることになるのです。

ただ、気をつけなければいけないことは、私たちのオーラの中にある情報というのは、かなりプライベートな内容でもあるということです。そこに勝手に入っていって、なんでもかんでも見てくるというのは、プライバシーの侵害にもなるのです。

アメリカなどでは、この、霊能者がオーラの中にある個人情報を勝手に見ることがプライバシーの侵害にもなるため、あらかじめ相手に尋ねてから見るなど、充分な配慮が必要とされる場合もあるそうです。

ですから、自分でオーラを見る練習をする時は、まずは友だちなどに頼んで見させてもらうほうが無難だと思います。

さて、このオーラをかぶせて相手のオーラから情報を得るときですが、僕のようにエネルギーに対して敏感なタイプの人は、自分のオーラに異物が入ってきているような違和感を感じるので、すぐにそれと分かります。

この、オーラから情報を得るという方法は、直接、守護霊からメッセージをもらうことに比べると、比較的簡単に情報を得ることができます。

僕がリーディングを始めた頃は、実際この、オーラの中から情報を得る方法を、大いに使っていました。なぜなら、そのほうが簡単で速いからです。「これからリーディングを始めます」と言ってから、すぐに情報を得ることができる。しかも、相談者にとって本当に必要な情報が、どんどん見えてくるのです。

この、どんな情報を見せるかということも、じつは守護霊が、きちんとコントロールしているのです。反対に、相談者や守護霊が見せたくないものや見なくてよいものは、いくら見ようとしても見えません。そういうものなのです。

次は、守護霊から直接、メッセージを受け取る方法ですが、まずその前に、「守護霊の見え方」について、説明してみたいと思います。

じつは、守護霊の見え方には、かなりの個人差があります。私たちが普段、人を見ているのと同じように守護霊が見える人もいるし、頭の中に浮かぶというような感じで見える人もいます。僕の場合は、頭の中に浮かぶという見え方なのですが、ほとんどの人は、このような見え方をするのではないでしょうか。

前にも述べたように、僕が霊視の練習をしていた頃は、この守護霊の見え方について誤解をしていたため、本当の霊視ができるまでに、結構、時間がかかりました。

この、守護霊の見え方は頭の中に浮かんでくるようなものもあるのだ、ということが分かっていないと、いくら頭の中に守護霊が見えていても、生きている人のように見えていないからと無視して、勝手に見えないと思ってしまうのです。

僕も、この、自分の中にある誤解に気づいた瞬間から、過去世や現在の状況、起こりうる未来のことなど、急にすべてのことが分かるようになりました。

この、ちょっとした感覚を理解することで、とても大きなステップを踏み出すことになるのです。

では、その「頭の中に浮かんでくる」というのは、どういう感じなのでしょうか？　それには、先述した、今あなたの部屋にあるベッドを想像してみるのがいいでしょう。あなたは、いま実際に自分の部屋のベッドの前にいなくても、その映像がなんとなく頭の中に浮かんでくると思います。「頭の中に浮かんでくる」というのは、そんな感じです。

ただ、少し集中して意識しないと、その、浮かんでくる映像はキャッチしにくいかもしれません。そこはやはり、練習が必要なのです。

この、頭の中に浮かぶ映像が分かるようになってくると、次に疑問として浮かんでくるのは、これは自分の思い込みなのか、本物のメッセージなのか、ということです。

その違いは、実際のところ、とても分かりにくいのですが、ここで、先ほどのオーラの中から情報を得てくるという方法を知り合いと練習しておくことで、こうしたことが分かりやすくなってきます。

つまり、いきなり過去世というような確認しにくいものを見るのではなく、現在働いている職場の状況などを霊視して確認するような練習をしておくことで、それが見えているのか、単に自分が思っているだけなのかを確認できるのです。

そうした確認の積み重ねをしていけば、自分の中で、この感覚の時はきちんとメッセージとして来ているので大丈夫だなと、自分の腑に落ちるところが出てくるのです。

守護霊に関しては、見え方だけではなく、感じ方も人それぞれです。また、その感じ方は、その人の性格や体調、人生のとらえ方などにも大きく影響され、そうしたことによっても、見え方が変わってきます。

例えば、守護霊がメッセージとして桜の木を見せたとします。普通、桜といえば美しい花で、みんな大好きというイメージがありますが、好きな人との別れがちょうど桜の季節と重なったことから、桜を見ると「悲しい」というイメージを持つ人もいます。

そうすると、同じように桜が見えたとしても、そこに感じることは、まったく違っていたりするのです。

しかし面白いのは、前にも述べたように、守護霊というのは、それぞれの人の感じ方を、ちゃんと理解してくれているということです。ですから、その人にとって一番良い方法でメッセージを伝えるにはどうすればいいのかを考え、努力してくれるのです。もちろん、失敗もあるみたいですが（笑）。そしてここでも、自分の感情に左右されずに、あるがままのことを見て意味を受け取ることが、とても重要になってくるのです。

では、もう一つのリーディングの方法、守護霊から直接メッセージを受け取る方法について、ご説明します。

この、守護霊から直接メッセージをもらうというのは、オーラの中から情報を取ってくるのとは、まったく違う方法になります。

守護霊からのメッセージをもらうには、送られてくるとても小さなエネルギーを受け取り、理解することが必要になってきます。

守護霊というのは、私たちが生まれてから死ぬまで、ずっと見守ってくれていて、人生の軌道修正などもしてくれています。ですから、守護霊のメッセージを受け取って人生に生かしていくことは、とても大切なことなのです。そんな守護霊からのメッセージを受け取る際に、気をつけなければならないことがいくつかあります。

それは、送られてくるメッセージが守護霊からのものなのか、家族や友人などの亡くなった人からのものなのかを、きちんと確認しなければならないということです。

守護霊と、亡くなった人からのメッセージのエネルギーは、とても似ているのですが、注意深く見ていると、やはり確実に、強さや質のようなものが違っているのです。

この「違い」を確認するためには、そのメッセージのエネルギーが「どこからやってきたのか」を確認します。

僕がリーディングをしていると、守護霊というのはだいたい、頭の上のあたりに見えてきます。それに比べて、家族や友人など亡くなった人の霊は、両肩の上から頭のあたりに見えるのです。ですから、どこからエネルギーが飛んできたかを感じられれば、それが誰から送られてきたのかも分かるようになるのです。

そして、先ほども言ったように、守護霊と亡くなった方とのエネルギーは、強さや質も違っています。守護霊のエネルギーのほうが、強くて、張りつめているような感じです。もちろん、メッセージの内容や話し言葉も違っていたりします。そういうところからも、その違いが確認ができるのです。

こうして守護霊からのメッセージを受けられるようになってくると、必ずぶち当たる壁というのが、先ほども申し上げたように、浮かんでくるメッセージが守護霊から来ているものなのか、または自分の想いから来ているものなのかということ。

僕の場合は、守護霊からメッセージが来る時は必ず、ピピピというような小さいエネルギーが飛んでくるので、それと分かります。ですから、そこに意識を向けていると、メッセージが来ているのが分かる。

そして、守護霊からのメッセージを集中して受け取っていると、メッセージが流れるように頭と口に出てきて、まるで自分が話しているようにメッセージが出てくるので、ここからも、その違いが分かります。

これにはもちろん個人差もあるでしょうが、ここまでくると、メッセージを伝えることが、とても楽になるものです。


このようにして得ることができる、さまざまなメッセージや事実を通して、いま気づかなければならない何かを分かってもらう。それがリーディングです。

守護霊からのメッセージを通してやってくる愛情のエネルギーというものは、とても気持ちがよく、感動するものです。実際、守護霊からのメッセージを受け取るとき、その大いなる愛のエネルギーを感じて泣き出しそうになったことが、最初の頃はよくありました。それほど、胸が熱くなるような、優しいエネルギーなのです。

メッセージを受けるというのは、別に、霊能者だけに限られた特別な能力ではありません。我々人間は、みんな魂を持っています。ですから、メッセージを受けることも、本当は誰にでもできるはずなのです。

多くの方に、守護霊からの愛情あふれるメッセージが届くといいですね。

ヒーリングとは、どんなもの？

一方、ヒーリングというのは、簡単に言うと、ヒーリングエネルギーを必要なところに送って、その人が持っている体の問題を治していくことです。

僕の場合は最初、霊気（レイキ）というハンドヒーリングを学びました。その霊気ヒーリングというのは、体に手を当てていき、悪い箇所だと手に強い感覚を感じるので、そこを中心にヒーリングエネルギーを送っていくという手法です。

最近の僕のヒーリング方法は、相手の体に手を当てて、ヒーリングをしようと考えると、僕の手からヒーリングエネルギーが流れ始め、その人の必要な場所にどんどんエネルギーが流れていく、というやり方です。

そして、そのエネルギーが流れていく場所をよく確認していると、その人が持っている問題点や、気づかなければならないことなどが見えてくるのです。

そして、ヒーリングの面白いところは、続けてヒーリングしていると、その人の魂と会話ができるようになってくることです。そうすると、その魂から、その人に伝えたいことがどんどん僕に送られてくるのです。それほどヒーリングというのは、愛のエネルギーが強いのです。

このヒーリングというのも、じつは誰にでもできます。子供の頃、熱が出て、お母さんが額に手を置いてくれた時、とても気持ちよかったのを覚えていませんか？ あれは、お母さんが「早く子供に元気になってほしい」と思う気持ちを持つことで、手からヒーリングエネルギーが出ているのです。それを子供は知らないうちに感じて、気持ちよくなっているのです。

ヒーリングを勉強している人は、そのエネルギーの強弱や、必要な場所に送る方法など、テクニック的に上手な部分もあるのでしょうが、基本的に、ヒーリングのエネルギーは、誰がやっても同じことだと僕は思っています。

それよりも大切なことは、どれだけ「その人が良くなるといいなあ」と思えるか、その愛情の大きさなのだと思います。僕がヒーリングをするときに、よく「LOVE《ラブ》注入しました」という言い方をするのですが（笑）、まさにそういう意味から言っているのです。

ヒーリングのエネルギーというのはとても面白いもので、そのエネルギーが体の中に入っていくことで、人はさまざまな反応を示します。

例えば、肩に手を当ててヒーリングのエネルギーを送ったとします。よく言われるのは、

「ヒーリングをしている人の手がとても暖かく感じた」ということです。「その手の暖かさがとても気持ちいい」と言われることも、よくあります。

あるいは、肩のあたりや腰のあたりなどに、何かピリピリするような感覚を持つ人もいます。そして、眠くなるという人も、たくさんいらっしゃいます。これは、ヒーリングのエネルギーを送ることで体がリラックスするためです。

ヒーリングが終わって時間がたてばたつほど、ヒーリング効果が出てきます。倦怠感のようなものを感じたりするという人もいますが、それは体がリラックスしていることからくるものであり、何も心配することはありません。基本的にヒーリングエネルギーは、体にとってマイナスのエネルギーとはなり得ないからです。

たまに、心臓に直接ヒーリングをすると、エネルギーが強すぎて心臓がドキドキしてくるという人もいますし、ヒーリングを受けることに対して過度に緊張するタイプの人などは、エネルギーが入ってきているのが分かった瞬間に、軽いパニックになったりすることもあります。そういう時は、無理せず、ヒーリングをやめて、ゆっくり深呼吸をしてもらいましょう。

ただ、ヒーリングと言っても、それは魔法の力ではありません。なんでもすぐに治るわけではないのです。ヒーリングを受けていても、やっぱり、そのヒーリングを通して受けたメッセージの中に、今の自分にとって気づかなければいけない何かがあるのです。

西洋医学を完全に拒否して、ヒーリングのような東洋医学だけを信じる人もいますが、強い痛みに悩まされているとか、手術をして治す緊急性があるような場合は、上手に西洋医学を取り入れながら、体と向き合うべきだと思います。

あと、忘れてはいけないことは、体と心は一つだということです。

人がケガをしたり病気になったりする時というのは、守護霊がわざと、何かに気づいてほしくて起こしていることだったりするのです。

病気になる場所をじっくり見ていると、その人が持つあまり良くない想いや、怒りの念が溜まっていたり、周りの人から送られてくるネガティブなエネルギーが集まっていたりするものです。

そのようになるには、その人の考えや行動が大きく関係しているのであり、いくら問題となる体の部位を手術で取ったり、ヒーリングで癒してあげたりしても、その人がその考えや行動を見直したり変えたりしなければ、また同じ病気を繰り返すのです。

体と心の両方を見つめ、必要であれば変えていく。それが、病気を治す本当の方法であり、他人まかせにヒーリングをしてもらったり、お祓《はら》いをしてもらったりしたとしても、それは、一時的には良くなるかもしれませんが、根本的なことは何も治っていないことになるのです。ですから、もし病気になったとしたら、まずは自分自身を、よく見つめ直してみましょう。

最後に、ヒーリングを実際に行う場合、気をつけたほうがいいことについて、お話ししたいと思います。それは、ヒーリングを本格的に始めると、ヒーリングする人とされる人のオーラが重なり合っていくということです。

そうすることで、ヒーリングする人は受ける人の痛みや気持ち、そして魂からのメッセージをとても受けやすくなり、必要な場所にエネルギーを送ったりメッセージを送ったりできるようになるのですが、ヒーリングを受ける人の痛みや心の傷が大きければ大きいほど、そして期待が大きいほど、その人が持っている痛みやエネルギーが、ヒーリングする人のオーラに残ってしまうことがあるのです。そうなると、ヒーリングはとっくに終わっていても、二〜三日、痛みの感覚が残ったりすることもあります。

エネルギーにあまり敏感でない人は、「私は痛みを感じていないので大丈夫」と考えがちですが、これは誰にでも起こっていることであり、その人はただ、それを感じていないだけなので、よりいっそう気をつけなければいけません。

ここで大切になってくるのは、この、ヒーリングした人の残ったエネルギーを、どうやって自分のオーラから取りのぞくかということです。

その方法には、いろいろなものがあるのでしょうが、ヒーリングをおこなう前に自分にプロテクション（保護）をかけるとか、終わってから深呼吸などをして要らないエネルギーを取りのぞくとか、それぞれが自分に合った方法を探しておくべきだと思います。

もう一つの有効な方法としては、自分の心をできるだけ楽しく、ポジティブにしておくことです。スピリチュアルなエネルギーというのは不思議なもので、楽しくポジティブなエネルギーにはネガティブなエネルギーが寄りつきにくいもの。ですから、自分の心を健康な状態に保っておくことも、自分を守るために、とても必要なことなのです。

ヒーリングをする人の中には、自分がヒーリングで助けられたから、同じように人を助けたいと考えて、ヒーリングをする人が多くいます。それ自体はとても良いことなのですが、ヒーリングに来られる方というのは、体か心に問題のある人がほとんどです。中には大きな心の問題を抱えて来られる方もいます。そんな方たちをヒーリングしていれば、そこから自分に与える影響も、とても大きいもの。ヒーリングを一生懸命やっている人に限って、つらそうにしている人が多いと感じるのも、このためです。

ですから、ヒーリングをする場合には、「自分を見つめる」ということを定期的におこない、まず自分を癒してあげるということを、忘れないようにしましょう。

以上のように、リーディングとヒーリングは、使っているエネルギーや方法は同じようなものなのですが、それぞれ目的や意図が違っているのです。ですから、そこを理解して、自分には何が必要なのかを知っておくことは、とても大切なことです。

とはいえ僕も、リーディングをしていて、たまに、どうしてもヒーリングが必要だと思う方には、ヒーリングをしながらリーディングをすることもあります。ごくまれなケースではありますが、こうした時にも、霊能者は、ヒーリングとリーディングを、しっかり分けて意識しておくことが大切でしょう。

＊守護霊に近づくワンポイントアドバイス①　――オーラの見方

守護霊を自分の目で見てみたいと思う人は多いものです。だからといって、いきなり守護霊が見えてくるということも、なかなかないもの。そこでお勧めしたいのは、まずオーラを見る練習をすることです。

僕の場合は、相手のオーラを見ていると、その人の頭の上のあたりに、守護霊のオーラが見えてきます。そして、その守護霊のオーラを集中して見ていると、容姿や性格などが分かるようになるのです。

では、どうやったらオーラが見えるようになるのでしょうか？

練習方法はいろいろあるのですが、僕がお勧めしているのは、色のオーラを見ることです。

まず、白や黒のほか、さまざまなハッキリした色の画用紙を、一五センチ四方ぐらいの大きさで何種類か用意します。

そして、そのうちの白か黒の紙を、顔の前二〇センチくらい離れたところに持ちます。

この、白か黒の画用紙を向こう側の壁にして、その前に、ほかの色の紙を持ちましょう。

次に、その、色のある画用紙の角《かど》の部分を、じっと見つめる。そうすると、少しずつ画用紙の角の部分が、二重に、ダブったように見えてきます。そして、引き続きその角を見ていると、きれいな色を放つオーラが見えてくるのです。

見えにくいようならば、壁紙として使う画用紙を、白と黒で変えてみてください。人によって、白のほうが見えやすいとか黒のほうが見えやすいなどの差があるからです。いろいろと試してみて、自分の見やすい方法を見つけましょう。

その時に見えてくるオーラの色は、僕も詳しいことは分かりませんが、なぜか「補色」と呼ばれる、色相環で正反対に位置する関係の色が見えてくるようです。

この、色の持つオーラというのは比較的見やすいものなのですが、このオーラが見えたということは、同じように他のオーラも見えるということです。同じような感覚で、物や植物、人のオーラなども見る練習をしてみましょう。

人のオーラを見るのは、少し難しいかもしれませんが、お風呂に入って湯船につかっている時のような、リラックスしている状態の時は、人のオーラも大きくなりがちで、見えやすくなっていたりします。

その練習方法ですが、まず、自分の手を壁の前に置いて、そのオーラを見てみましょう。手の輪郭がダブったように見え始め、さらに続けて見ていると、きれいなオーラが見えてくるはずです。オーラが見えた手を少し移動したりすると、オーラが引っ張られたような状態で動くのが分かったりします。

さて、こうしたオーラが見えるようになったら、今度は守護霊さんのオーラを見てみましょう。

まず誰かに、白っぽい色の壁の前に座ってもらいます。そして、その人の頭から肩にかけてのあたりを、色のオーラを見た時と同じように見つめます。そうすると、体の外枠に沿って、ダブった影のようなものが見えてきます。

そして、それを引き続き見ていると、今度は、白い枠のようなものが見えてきます。これはエーテル体と呼ばれる、比較的見えやすいオーラなのですが、この白い枠の部分を見ていると、ふとその人の肩や頭の上に、この白い枠でできた、人の形の枠みたいなものが見えてくるのです。これが守護霊のオーラです。

この守護霊のオーラは、一人しか見えない時もあれば、二〜三人まとめて見えることもあります。

そして、そのオーラをよく見ていくことで、さまざまな情報が送られてくるのです。そこまでいくのは少し上級者向けですが、守護霊のオーラが見えるだけでも感動しますよね。

自分の守護霊のオーラを見たいときは、大きな鏡の前に座って同じように自分を見つめても、そのオーラを見ることができます。ぜひ、お試しください。

＊守護霊に近づくワンポイントアドバイス②　――第三の目のトレーニング

僕のサロンで開催されている勉強会で毎回おこなっている、「第三の目のトレーニング」と呼ばれるものがあります。「第三の目」というのは、現代の私たちはあまり使わなくなってしまったものですが、スピリチュアルな世界においては、とても重要な体の一部分だと思っています。場所は、おでこの下の方、眉間のあたりに位置しています。

なぜそのように思うかというと、僕がリーディングをしようとする時など、自然と、この第三の目を通して見ようとするからです。

私たちには普段見えていない、スピリチュアルな世界というのは、この第三の目を通して見えてくるものだと僕は思います。だからこそ僕は、この、第三の目のトレーニングというものを考えました。そして、瞑想する前にこのトレーニングをすることで、メッセージを受け取りやすい状態にしておくことができるのです。

では、第三の目のトレーニングの方法を、ここでご紹介しましょう。

まず、瞑想と同じ姿勢で目を閉じ、体をリラックスさせるために、数回、深呼吸をします。

目を閉じているので、見えるものはもちろん真っ暗ですが、その自分の目の視線がまっすぐ目の前を見ている感覚は分かりますよね。その両目の視線を、少しずつ第三の目の場所に持ち上げるのです。

うまく持ち上げられると、第三の目のあたりに、かゆみや小さな動きを感じます。そして、また視線を元の位置に戻す。これを何回か繰り返します。

第三の目に視線を上げるということができたら、次に、第三の目のあたりに大きな目があると想像します。

その目は今のところ、四割ぐらいしか開いていない状態。その目を自分の意識で、もっと大きく開くようにしていき、どんどん目が開いてきて完璧に開くまで、想像します。

こうして、第三の目が大きく開くのを想像できたら、その目を通して前の世界を見てみます。今は目をつぶっているので、もちろん真っ暗な世界なのですが、そのまま前をリラックスして見続けていると、少しずつ、いろいろなものが見え始めます。

一番よく見えるのは、小さな光です。この光は、スピリチュアルな世界と私たちの世界をつなぐ通路だと言う人もいますが、結構、簡単に見えたりします。そして、その光は、ホタルのように動き始めることもあります。

次に見えてくるのは、オーロラのような、きれいな光。とても薄く光っていたりするので、よく見ないと分からないのですが、その色は、紫や白、緑など、さまざまな色をしています。そして、雲のようにゆっくり移動したりするのです。このオーロラのような光は、とても美しいです。

また、前に人がいたりすると、その人の体の輪郭をした光が見えたりすることもあります。その人が動くとその輪郭も動いていく。先ほど説明したオーロラのような光は、自分や周りにいる人のオーラだったりします。

そして、このような光に慣れてくると、人によってはメッセージを受け始めます。そのメッセージは、文字かもしれないし、景色かもしれない。たまに、いくつかの画面を見せられたり、動画が見えたりする人もいます。ここまでくると、第三の目が充分に開いている状態になっています。

この第三の目のトレーニングを根気よく続けられるといいのですが、家で一人で練習していても、なかなかうまくいかないと言われる方もいます。それは、サロンでの勉強会のように、みんなで輪になって瞑想し、そしてその中に僕のような霊感の強い人が何人かいたりすると、その輪になっている人の中でどんどん影響し合い、とても強いエネルギーが生まれるからなのです。

ですから、普段は瞑想しても何も見えないと言う人が、こういう勉強会で他の人と一緒に瞑想すると、いろいろなものを見たり感じたりすることができるという、不思議なことが起こるのです。

一番いいのは、こういう勉強会に参加された時の、見えたり感じたりする感覚を覚えておいて、一人でいるときも、その感覚に近い状態まで自分で持っていけるように練習をすることだと思います。このように練習することで、「なんとなく」という感覚を、さらに確かな感覚へと変えてくれるのです。

昔の人は、この第三の目を使って、普通に意思の疎通もしていたと言われています。それが、言葉が発達することでどんどん退化していったのですが、かといって、完全に無くなってしまったわけではないのです。そこをもういちど活性化してあげることで、上手に使うことができるようになるのです。

この第三の目のトレーニングをしたあとに瞑想をすると、普段よりもいろいろなメッセージが受け取れるようになりますよ。こちらもぜひ一度、お試しください。

第五章　守護霊もつらいよ！

この本の中で、僕が「守護霊」と言う時、あなたは、どんな姿を想像していますか？

じつは、私たちにメッセージを送ってくれる人というか、物というか、そういうものは、私たちの周りにたくさん存在していて、いろいろなところからメッセージはやってきます。

そのメッセージをくれる「相手」というのも、僕の中では、大まかに四つのグループに分けることができます。

それは、①自然の中に存在するエネルギー、②土地に関係しているエネルギー、③亡くなった人の魂、そして、④守護霊です。

①自然の中に存在するエネルギー

まず、自然の中に存在するエネルギーとは、木や石などのことであり、それらもたまに、私たちに話しかけてくれることがあります。

例えば神社に行って、そこの神木などをジッと見ていたりすると、話しかけられるということがあります。植物や石も、人間と同じようにエネルギーを持っているので、そのエネルギーからメッセージを受けたり、その木が見てきた体験や状態を知ったりすることができるのです。

正月三が日など、参拝客でごった返している神社の神木を見ていると、さすがにさまざまな人のエネルギーを受けたりして、元気がなかったりするものですが、反対に元気な時は、たくさん話しかけてきてくれたりします。

山や神社などに行くと、樹齢千年とかいう、大きな木がたくさんあったりしますよね。その木を両手で触って、そのエネルギーを感じてみてください。

両手を木に当ててしばらくすると、その手からエネルギーが流れ始め、エネルギーが体の中、そして足を通して、さらに地面へと、どんどん流れ始めます。その流れをよく観察してみてください。すると、その木からメッセージが伝わってくることがあるのです。そうしたら、そっとその声に耳を傾けてあげてください。

②土地に関係しているエネルギー

土地に関係しているエネルギーとは、その土地にいろいろな人の想いや願いが集まって大きなエネルギーを作り出しているものであり、例えば、神社やお不動尊みたいなところがそうです。

神様というのは、もともとその土地に関係して祀《まつ》られているものです。そして、その土地に関係する人や、その場所を崇《あが》めようとする人の想いや気持ちが手伝って、その神様のエネルギーをどんどん大きくしているのです。そういう力強い神様は、よく話しかけてくれます。

また、自分に何かしら意味があるために訪れたほうが良いという場所や、自分に深く関わりのある場所だったりすると、より強くメッセージを感じたりします。神様というのは、本当に存在するのだと思いますが、そういう、土地に関係する人の想いやエネルギーなども、こうした神様に大きく影響しているのです。

人の想いというのはとても強くて、結構、その場所に残って影響していたりするものです。ある時、僕の友人が、ヒーラーたちが必要なエネルギーをもらっているという、ハワイのパワースポットに僕を連れて行ってくれたことがあります。

そこはもともと、ヒーラーのような仕事をする人が、そこに行ってエネルギーをもらってくるような場所だったのですが、それを聞いた病気の人や、家族に病人がいる人たちなどが、みずからそこに行き、体の回復を願うようになったのだそうです。

そうすると残念なことに、本来その場所が持っていたと思われるヒーラーのための強いエネルギーも、人の願いが強くなることでパワーが弱くなり、その場所に行っても、願いごとをしていった人たちの声ばかりが聞こえてくるのでした。

これと同じようなことは、いわゆるパワースポットと呼ばれるところでも起こります。

僕は、テレビなどで紹介されたパワースポットによく行ったりするのですが、やはりテレビなどで紹介されると、たくさんの人が訪れて願いごとをしていくために、その場所にたくさんの人の想いのエネルギーが残ってしまい、本来その場所が持っているエネルギーよりも強くなってしまうことがあるのです。

それだけ、人の想いのエネルギーは強いのです。それでも、そのパワースポットへの人の流れが落ち着いて時間が経つと、また本来の、強くて良いエネルギーが出てきたりします。パワースポットに行く時は、そんなエネルギーの変化にも気をつけてみてください。

③亡くなった人の魂

亡くなった人の魂とは、いわゆる「霊」のことです。「幽霊」というと、なんだか怖そうな感じがしますが、普通に「体がないだけの人」って感じです。

亡くなった人の霊も､体がある人のように､生きていた時と同じような性格やエネルギーを持っていることが多いものです。

ですから、生きている人に明るい人がいれば根暗な人もいるように、亡くなった人の霊もそんな感じに見えるし、世の中には、優しい人もいれば、いつも文句を言っていて幸せじゃない人もいるように、亡くなった人の霊にも、そんなタイプがいるのです。そうしたことを、怖いとか恐ろしいとか思う必要は、まったくありません。

リーディングをしていると、その方と関係のある、亡くなった人の霊がたくさん現れてきます。そのほとんどが、亡くなった両親や、おじいちゃんおばあちゃんだったりしますが、たまに、関係の深い友人や知り合いの霊が現れたり、会ったこともない先祖が出現することもあります。

そのほとんどの人は、リーディングに来ている人のことを想っていて、何かを伝えたそうにしています。そして、自分がそこにいることを知ってもらえることが、とても嬉しいことのようです。

亡くなった家族への想いというのは、いつまでたっても強いものです。うちのサロンに来られる方の多くも、病気や事故で亡くなった、お子様やご両親の様子を知りたいと言われます。なかでも、亡くなった人を想う寂しさや、生きているあいだに充分なことをしてあげられなかったという後悔をしている方が来られることが多いのですが、じつは、亡くなった人というのは、重たい体もなくなり、病気や痛みや苦しみもなくなって、元気そうにしていることがほとんどです。そして、その亡くなった人から、元気そうにしていることや励ましの言葉をもらったりすることで、残された家族も安心できるのです。

こうした、亡くなった人の霊と話していると分かるのですが、たとえ霊になったとしても、生きていた時の性格や考えは、そのまま残っているものです。ですから、生きているあいだにその人がこだわりを感じていたこと、例えば、家のお墓をどう守っていくかというような問題に対して、その人が生前に望んでいたような状態を無視して行動したりすると、亡くなった人は、やっぱり良い顔をしないのです。特に、古い考えを持っていた人は、お墓に対しての執着心などが、結構、強かったりするものです。

最近は、生んだ子供がみんな女の子だったり、息子や娘に孫が生まれなかったりすることで、家のお墓を守っていく人がいなくなることもよくあります。そういう時は、ご両親が生きているあいだに、「お墓はできるだけ守っていくけど、時期がきたら永代供養などに変えるからね」というような話をして、ご本人から承諾をもらっておくことが、とても大切だと思います。そうやって亡くなる前に話して、納得してもらっておくことで、亡くなった人の気分を害することを避けることができるのです。

同じように、お墓や仏壇を変えたり、移動したりするときなども、注意が必要です。

そのお墓に、ご先祖様みんながいるわけではないのですが、そこには、みんなの「想い」が宿っているのです。そして、急にお墓を移動したり変えたりすれば、そこに想いのあるご先祖様たちも良くは思わないし、怒ってしまったりすることもあるのです。

ですから、お墓を移動したり変えたりする必要が生じたのであれば、それが決まった時から、ずっとお話しをしてあげるといいのです。「こんな理由があるため、変えることになりました。どうぞご理解ください」というように話しかけるのです。そうすることで、普通は、ご先祖様たちも理解してくれます。ほんと、彼らは体がないだけで、生きている人間と同じなのですよね。

あと、亡くなった人だけでなく、生きている人の魂も、私たちに話しかけてくれます。ヒーリングをしていて、その人のオーラや魂とつながると、その人の魂が、いろいろなことを話してくるのです。

魂は、さまざまなことを知っていて、その人が気づかなければいけないこと、思い出してほしいこと、これからの人生へのアドバイスや癒しの言葉など、いろいろなメッセージを送ってくれます。

生きている人の魂というのはエネルギーなので、私たちが強く考えたり望んだりすると、いわゆる生霊《いきりょう》として見えることがあります。

例えば、ある母親が子供のことを非常に心配していたりすると、そのお母さんの思いが、リーディングをしている最中に見えてきたりします。そういう時は、「お母さんの強い思いが飛んできていますよ」とお伝えしますが、じつはこれは、あまり良いものではありません。子供を心配するあまり、邪魔をすることもあり得るからです。

前に、こんなことを聞いたことがあります。ある男性が、新しい彼女を作ろうとしても、なぜかうまくいかない。なぜだろうと思っていた時に、たまたま霊感の強い友だちが、「あなたには生霊がついていて、恋愛の邪魔をしている」と。

そこで、その生霊の容姿を詳しく聞いてみると、それは前につきあっていた彼女で、男性が別れる時に、その彼女に対して、少し失礼なことをしてしまったそうなのです。

おそらくその彼女が、別れる時に、「お前なんか絶対に幸せにならせてたまるか」みたいなことを、強く念じたのでしょう。その想いが、生霊として彼の周りに留まって、新しい恋愛の邪魔をしていたのです。

とはいえ、その元彼女には、生霊を飛ばした意識などまったくなかったでしょう。というのも、彼女にはすでに新しい彼氏ができて幸せに暮らしており、その頃にはもう、元の彼氏のことなんてどうでもいいと思っていたと思われるからです。しかし、生霊だけは、しっかり存在していたのです。

このように、私たちの想いというのは、時として強いエネルギーとなって、周りの人に影響を与えます。結局、その彼は、元の彼女に連絡をとって、別れる時には悪いことをしたと謝ったのだそうです。彼女にとっては、もうどうでもいいことだったのかもしれませんが、彼が謝ってからは、恋愛がうまくいくようになったということです。

もう一つ、人の魂とお話しができるのと同じように、動物の魂とお話しすることもできます。最近は、動物とお話しができる、アニマル・コミュニケーターという人が注目を浴びたりしていますが、僕は、この二つは基本的には同じことだと思うので、誰でも人の魂と会話ができるように、動物とも会話ができるのだと思います。

ただ、動物の考えやエネルギーは、人間のものとは全然違います。動物のエネルギーはとても純粋で、まっすぐな感じがします。それに比べて人間は、自分勝手であったり冷酷な考えを持っていたりするため、わざわざそんなこと知りたくないという人も、たくさんいるでしょう。そういう人は、動物のエネルギーや言葉しか分からないということもあるでしょうね。

一方の動物は、逆に、私たちのオーラからたくさんの情報を得ています。ですから、私たちの考えていることや、その人が優しい人なのかどうかといったことなども、動物たちには、ちゃんと分かっているのです。

④守護霊

最後は、守護霊について。守護霊というのは、私たちが生まれた時から死ぬまで、私たちを守って導いてくれる存在で、そのほとんどが、人の姿で見せてくれます。

たまに、守護霊ではあるのですが、自然霊か神様みたいな感じで話しかけてくるエネルギー体があります。これには、何か特別な意味があるのだと思うのですが、その理由というのはさまざまで、そうすることで、もっと強いエネルギーやつながりを感じさせることもあるし、その人にとっては、その方がメッセージの意味を理解しやすいなど、いろいろな理由が考えられると思います。

また、リーディングをしていると、私たち日本人の守護霊が、西洋人や他のアジアの国の人だったりすることもあるのですが、それを聞いて驚かれる方は多いです。そして、「どうやって外国人と会話するのですか⁉」と聞かれるのですが、僕たちミディアムは、人間のように言葉を使って会話しているのではなく、エネルギーを投げかけ合いながら、その意味を理解しているのです。ですから、言葉の壁とか文化の違いとかいうようなものは、問題にはならないのです。

このように、守護霊たちも、私たちと同じような存在です。彼らも私たちと同じように、考えたり、試行錯誤したり、感じたりしているのです。

例えば、白人の守護霊と話していたら、日本人がクリスマスのシーズンにみんなで祝ったりすることを純粋に喜んでいて、感謝されたこともあります。

ただ、守護霊というのは、いつも私たちの言うことを聞いてくれるわけではなく、時として、その人にとって必要であれば、あえて厳しくつらい経験をさせることもあります。そんな時の守護霊は、「頑張って乗り越えてくれよ」という気持ちで、静かに見守っていることがあります。守護霊も、意外とつらい立場なんですよね……。

自分で考えないといけないことは教えてくれない

人間というのは弱い生きものです。そして、現在のような、お金を出したらほとんどのことは解決できる、みたいな世界に生きていると、なんでも他人まかせにして、できるだけ楽をして、幸せになろうとする人が、たくさん出てきます。「自分の人生がうまくいかないのは、何か悪いものに取り憑《つ》かれているからであり、それを祓ってもらえば、人生はすべてうまくいく」と思うような人が、その典型です。

僕は、お祓いにも、二種類のやり方があると思うのです。一つは、よくテレビなどで見るような、悪い霊に「出ていけ！」と何回も言い続けて、一時的に霊をその場所からいなくさせるもの。

これは、一時的な効果はあるかもしれないけれど、結局その、憑りつかれていた人の持っていた問題点、例えば、その人のエネルギーが弱っていて波長の低い霊を呼んでしまっているだとか、その人の、人を傷つける行動から悪いエネルギーが返ってきてしまっているだとか、そもそも、努力も、自分自身を見つめることも何もしていないために、その人の人生はうまくいっていないのだとか、そういう「その人自身の根本的な問題点」というものは、まったく改善されていないため、何度でも同じようなことが起こる可能性があるのです。そんな「人まかせ」で何もかも幸せになれるほど、人生は甘くないのです。

一方、もう一つのお祓いの方法として、問題となっている霊ときちんと対話をして、何が問題なのかを聞いてあげて、その問題を解決する方法を一緒に探してあげる、というような方法もあるのです。

これならば、霊が何か問題を起こしていたとしても、きちんと納得させてあげられることで、同じことが起こるのを防ぐことができます。

霊と言っても、生きている人と同じように、悩んだり苦しんだりしているのです。それを助けるための方法は、話を聞いてあげて、納得させてあげることしかないのです。

リーディングを受けに来る人の中にも、守護霊のメッセージさえもらえば、将来がすべて良くなると考える人は多いものです。

もちろん、メッセージによって、忘れていたことを思い出させてもらったり、新しい自分に気づかせてもらったりすることはあります。でも、守護霊からのメッセージは、どんなことでも変えられる魔法のようなものではなく、私たち自身を変えるのは、あくまで、そのメッセージを受けた私たち自身なのです。そのことを、絶対に忘れてはいけません。

リーディングに来られた方の中には、僕のおかげで良くなりましたと言ってくださる方がいます。その人の人生が良くなったのならもちろん嬉しいことですし、そのことを伝えてくださることにはとても感謝しますが、じつは、何度も言うように、本当に人生を変えたのは、守護霊からのメッセージを受けとめて、変わろうと思ったご本人なのです。

僕が実際、リーディングをしていても、守護霊は、その人がどんな方向に進むのか、人生の中でどんなことを経験して学んでいかなければならないのか、ということは、比較的見せてくれますが、どうしたらその夢にたどり着けるのか、という方法は、そう簡単には見せてくれません。

それは、私たちが試行錯誤しながら行動することに意味があり、その道のりで起こる失敗も成功も、それぞれが必要な経験になっていくからなのです。

例えば、僕自身の守護霊も、自分が将来やっているだろうという状況などのビジョンはいくつか見せてくれますが、その中には、今の自分からは、ずいぶんかけ離れた生活をしているビジョンなどもあり、我ながら、どうやったらそんな方向に向かうのだろうと、いつも考えさせられます。

しかも、そこに行くために必要なものや、どうやったらそこにたどり着けるのかというようなことは、あまり見せてくれません。それは、僕自身がいろいろ考えたり、試してみたりする必要があるからです。

守護霊が、なんでもかんでも簡単に答えを教えてくれるわけではないのです。なぜなら、それが、私たちの魂がこの世界に降りてきて経験しなければならないことだからです。

私たちがこの世界に生まれてくるのは、ここでしかできない感動や喜び、苦しみや悩みなどの、さまざまな経験を通していろいろなことを感じるためなのです。それなのに、守護霊がすべて教えてくれて、問題をなくしてしまったら、そもそもこの世界に降りてきた意味がなくなってしまいます。

守護霊は、何があっても私たちの味方です。ですから彼らも、その人にとって一番良い方法は何だろうかと常に考えながら、あえて教えてくれなかったりしているのです。それも、守護霊からの愛なのです。

では、良い霊能者とはどんな人なのか、もう一度ここで考えてみましょう。なんでも当てくれて、なんでも自分の考えに賛同してくれて、親身に一緒に悩んでくれる人が、良い霊能者なのでしょうか？

霊能者と言っても、いろいろな能力を持っている人がいますし、性格や、人生の価値観もさまざまです。そして、霊能者自身の性格や人生の価値観は、どうしても、メッセージを送る際に影響を与えてしまうのです。

リーディングをしていると、そのリーディングを受けている人の性格や生き方などのようなものが、見えてくることがあります。その中には、「どうしてこの人は、こうなんだろう」とか、「もっと前向きに考えられないのだろうか」など、僕自身の価値観から判断してしまい、ムカッとしたりすることもあるのです。

でも、霊能者はあくまでも、メッセージを送る人です。自分でその人のことを判断してしまうのではなく、淡々とエネルギーを伝えることが大切だと思います。

リーディングには、人生に悩み、苦しんでいる人が多くやってきます。その一人ひとりに正面から向かっていって、その人の痛みを分かち合うのではなく、むしろ、淡々と見つめてメッセージを送るしかないのです。

そうしなければ、リーディングに来た人のエネルギーや人生をそのまま引き受けてしまい、その、あまり良くないエネルギーを、霊能者がどんどん自分の中に溜めていくような感じになってしまうのです。そんなことをしていたら、霊能者の体はもちません。

ましてヒーラーであれば、オーラのエネルギーが受け手と同調したりするので、さらに相手のエネルギーを吸収することになってしまいます。

何度も言うようですが、それが真実なのです。

僕が思う、良い霊能者というのは、メッセージを通して、いくつかの選択や道を示してあげ、前に進まなければいけない方向にそっと背中を押してあげられる人です。

そこには、僕たち霊能者が人の人生を良くしてあげなければいけないとか、考えを変えてあげなければいけないという義務感はありません。ただただ、魂と魂で寄り添ってあげればいいのです。

もういちど言いますが、守護霊は、なんでも教えてくれて問題を解決してくれる魔法使いや神様ではありません。人生は、自分で考え、自分で行動して、感じて、経験することが大切なのです。そのためであれば、守護霊は喜んで、あなたの舞台を大胆に、そして感動的に演出してくれるでしょう。

メッセージを上手に使いこなすために

守護霊は、私たちが生まれる前から、どんな人生を、どんな課題を持って生きていくかということを一緒に考えてくれ、そして、生まれてから死んで「故郷」に帰るまで、私たちの近くで見守ってくれています。

守護霊たちは、私たちが進むべき道をちゃんと理解しているので、道を外れて歩き始めたり、悩んで立ち止まってしまったりすると、きちんと手助けをしてくれるのです。

その一つの方法として守護霊がしていることが、メッセージを私たちに「送る」ことです。守護霊は、先にも述べたように、「これなら気づいてもらえるだろうか？」などと考えながら、試行錯誤しつつ、いろいろな形で、一日に何十回も、メッセージを送り続けてくれています。

ただ残念なことに、普段私たちは、忙しかったり意識が向いていなかったりして、守護霊からのメッセージを聞き流してしまっていることが多いのです。しかしそれでも守護霊はあきらめずに、さらにメッセージを送ってきてくれます。ありがたいですよね。

僕が守護霊からのメッセージを受け取れるようになって、良かったと思うことが、いくつかあります。それは、次の三つです。

・死ぬことが怖くなくなったこと
・人生の本当の仕組みが分かったこと
・根拠のない自信を持てたこと（行くべき道が分かること）

では、以下に詳しく、この三つのことについてお話ししたいと思います。

・死ぬことが怖くなくなったこと

僕は物心ついた頃から、死ぬことがとても怖かったのです。今になって考えてみると、これは、「この世に生まれてきて、することがたくさんあるのに、あの世に帰るなんてとんでもない」と思っていたからだと思います。

でも、やたらと自分や家族が死ぬことに対して、不安を抱いていました。ノストラダムスが何年かに地球が滅びると言ったのを聞くと、泣いて母親に話をしに行ったりしたものです。

この、「死ぬことが怖い」という思いは、自分の霊能力に気づいて、輪廻転生が本当にあるものなのだと実感した時に、なくなりました。

例えば、僕が大好きなおばあちゃんが死んでしまうということも、以前は考えただけで涙が出るような感じだったのです。でも、おばあちゃんが亡くなっても近くにいることは感じられるのだとか、たまにメッセージを送ってくれたりするのだ、ということが分かったことで、実際におばあちゃんが亡くなった時にも、「お疲れ様でした」とすんなり受け入れることができました。

人間の寿命には、それぞれ意味があります。早く死にたいと思っていても、するべきことがある人は死ねない。

人生に起こっていることすべてに意味があるように、人の死に方や時期にも、ちゃんと意味があるのです。言葉を換えると、死ぬ時は死ぬのだから、死ぬことを怖がる必要はまったくないのです。

人というのは誰でも、死に対して、多かれ少なかれ恐怖心を持つものです。でも、その恐怖心があるからこそ、人生を有意義に過ごそうと思い、努力するのです。死を恐れる必要はない、ということを理解して心の安定をもつことは、自分自身を強くしてくれます。

・人生の本当の仕組みが分かったこと

世の中には、悲しい出来事や他人を苦しめる人、解決の難しい問題や誰にも言えない悩みなどが、数多く存在しています。現在の私たちは、毎日ニュースで悲しい出来事を目にしたり、いやでも多くの人と関わって生きていかなければならないため、傷つけられたり悲しい思いをすることも増えてきています。

僕も以前は、その一つ一つの出来事を真っ正面から受けとめ、いちいち傷ついたり悲しんだりしていたものです。しかし、そんなことしていたら、どんなに元気な人でも、いつか鬱になってしまうでしょう。

テレビのニュースなどでも、何か良い「ネタ」になりそうな事故や殺人事件が起こったりすると、その詳しい内容を一日じゅう報道しているような時があります。

それを、ずっと見続けたり、あるいは、流し見したりしているだけでも、そのネガティブなエネルギーを、あなたはずっと浴びていることになるのです。

ですから、こういったニュースは、サクッと見て起こった事実を知る、といった程度で済ませることが望ましいのです。

さて、以前はそのように、自分の周りの出来事にいちいち感情を振り回されていた僕でしたが、守護霊さんが教えてくれた「世の中に起こっていることは、すべて意味があって起こっている」ということを心から理解できたことで、自分の周りに起こっていることや地球の裏で起こっていることに対しても、感情的ではなく、淡々と見つめることができるようになりました。

そうすれば、いちいち周りに起こることで落ち込んだり怒ったりする必要はないということが理解できるし、それによって、自分の気持ちもすごく安定したものになっていくのが分かります。

もちろん人間ですから、何か問題が起こると感情が乱れますが、以前ほど落ち込んだり悩んだりということがなくなったのです。

それに、人が生きていく上で本当に重要なもの、本当に大切にしなければいけないものについては、多くの人が世間の常識というものに振り回されていて、その本質を誤解している場合がほとんどです。そんな、「誤解ばかりしている自分」に気づいたとき、人生や周りの世界は、まったく違うものに見えてきます。

例えば、ガンになった人がいたとします。ガンという病気は、もちろん死ぬことも考えられる、かなり怖い病気です。そんな病気になったら、ほとんどの人が恐れ、心が深く傷つくことでしょう。

しかし、そんな苦しい出来事であるからこそ、自分にとって何が必要なのかを必死に考え、そしてその何かを見つけることができた人は、人生観を大きく変えていくのです。

人は、ついつい地位やお金などを自分の判断基準としてしまいがちです。でも、本当は違うのです。

ガンになる部分にたまっているエネルギーには、さまざまなものがあります。自分が作り出す、ストレスや怒りや不安のエネルギー。そして他人から送られる、怒りや妬《ねた》みのエネルギー。そんなネガティブなエネルギーのかたまりを癒してなくすには、とても大きな愛と、純粋で前向きなエネルギーが必要なのです。

愛は、自分自身を愛すること、そして人を愛し、人から愛されることを楽しむエネルギー。純粋で前向きなエネルギーとは、自分らしく生きること、自分の本当の部分を知り、それを喜ばせてあげること、そして自分に正直に生きること。

こうしたことのほうが、お金や地位よりも、はるかに大切なのです。このことに気づいたとき、病気のエネルギーは大きく変わっていくものなのです。

世の中に作られた価値観を信じて生きていると、そこにはいろいろな競争心や不安が伴います。なぜなら、それは本当の人生の意味ではないから。

自分が生まれてきた意味や本当に必要なもの、自分がどんな人で、どんな幸せを求めているかを理解している人は、周りの人や環境に振り回されることなく、心は穏やかなのです。そして、それは、さらなる心の平安と幸せを与えてくれるのです。

・根拠のない自信を持てたこと（行くべき道が分かること）

人は、生きていると、多くの選択をしなければいけないものです。そして、その選択によっては、ラッキーなことにつながることもあれば、問題を引き起こしてしまうこともあるわけです。

だからこそ、人は選択をしなければいけない時、大いに悩みます。そんな時に「使える」のが（笑）、守護霊からのメッセージです。

守護霊は、私たちが足踏みしていたり、大きく間違った方向に行こうとしたりする時には、たくさんのメッセージを送ってくれます。そして、そのメッセージは私たちが気づくまで、どんどん増えていき、時には感動的な形で気づかせてくれたりします。

そんな守護霊から送られる熱いメッセージをキャッチできるようになってくると、「これは自分にとって必要だから行くべきだ」とか、「これは何かが引っかかるから、今は行くべきではない」ということが分かるようになってきます。そうなってくると、だんだん自分の未来に対して、大きな、根拠のない自信がわいてくるようになるのです。

この、根拠のない自信を持つことは、じつは、大きく心の支えとなってくれます。そして、このように自分を信じてあげられると、未来に対して大きなエネルギーが動き出すのです。

例えば、二〇一一年三月一一日、東日本大震災が起きた時に、僕は、成田空港の出発ロビーにいました。空港の天井部分には鉄の格子のようなものがついていて、その部分が大きく揺れて、ガシャンガシャンと大きな音をたてています。

周りにいる人たちも大きな悲鳴をあげ、僕も「この天井が落ちてきたら死んでしまうなあ」と考えたりしながら、イスの横で座り込んでいました。

ふと見るとそこに、どうしていいのか分からずパニック状態のまま、悲鳴をあげて立っている女性がいました。僕はその時に思ったのです。「僕には将来やらなければいけないことがいくつか見えている。だから今この瞬間に死ぬはずはない」と。

そう思った瞬間、その女性に「ここに来たら大丈夫ですよ！」と叫んでいました。僕が助かるのなら、その女性も僕と一緒にいたら助かると思ったのです。

幸いにも、成田空港では大きな被害はありませんでした。もちろん、僕の未来が見えているからといって、今は死なないなどということは、あり得ないのかもしれません。

ただ、その時の僕には、根拠のない自信が確実にあり、あれだけの大きな地震を経験した時でも、かなり冷静でいることができ、実際に、冷静な行動も伴っていました。

このように、何かを心配したり不安と共に行動したりするよりも、自分自身を強く信じて行動するほうが、より大きな前向きなエネルギーが生まれてくるものだし、それが自分の平常心にもつながるのです。守護霊が与えてくれる根拠のない自信は、このように、本当にありがたいものなのです。

僕がスピリチュアルな道に進み始めた時、いろいろな非難や、批判めいた意見も言われたことがあります。そんな時は、傷ついたりもしましたが、でも、この「根拠のない自信」が、自分はやらなければいけない道を進んでいるのだと勇気を与え、背中を押してくれたからこそ、ここまでやってくることができたのだと思います。

輪廻転生と今世の楽しみ方

守護霊からのメッセージというのは、きちんと意識をしたり、一つ一つのメッセージに気づき始めたりすることで、どんどんその受け取る能力が強く、ハッキリしてくるものです。僕がサロンで主催している勉強会でも、何回か参加している人を見ていると、回を重ねるごとに、どんどんメッセージを受けることができるようになっていきます。

そうしてメッセージが受け取れるようになってくると、どんどん楽しくもなってくるものです。ただ、その時に気をつけなければいけないのは、「メッセージを受けられるからといって、その人が偉いわけでもなんでもない」ということ。

僕のように守護霊が見えたりメッセージを受けられたりするようになると、周りの人が「先生」と呼ぶようになったり、自分がすごい人間になったのだと勘違いしたりすることもあります。でも、見えるから偉いのではないのです。その与えられた能力をどのように利用して、自分自身や周りの人のために役に立っていくかということが大切なのです。

たまに、今回の輪廻転生が最後の人生だと誰かから伝えられ、自分にはもう何も学ぶことがないのだと、嬉しそうに話している人がいます。この、輪廻転生しなくなることが、悟りとか覚醒と呼ばれており、生まれてから死ぬまでさまざまな苦労も経験するため、人はどうしても、この世界から外れたいと思いがちです。

スピリチュアルな世界を勉強したりしている人の中にも時々、輪廻転生を今回で最後にしたいと願っている人がいますが、それは、究極のエゴだと僕は思うのです。人は、お金儲けをしたいとか有名人になりたいとか、いろいろなエゴを持っていますが、その中でも最も大きなエゴというのは、この「輪廻転生から外れたい」という思いだと思います。

結局、スピリチュアルな世界というのは、人間（魂）として純粋な部分です。それゆえに、望むことも、純粋で究極なものになり得るのだと思います。だから、輪廻転生から外れることを望んだり目的としたりすることが、必ずしも悪いとは思いません。

ただ、それが究極のエゴだと知った上で求めることが大切だと思うし、自分のやるべきことをして人生を終わらせれば、自然に輪廻転生が終わるのだというくらいの、軽い気持ちを持っていることも大切だと思うのです。

僕もたまに、「アキラさんはもう輪廻転生はしないのでしょうね」と言われたりすることがありますが、僕自身は、この、人間としての人生でしか味わえないことも、たくさん楽しみたいと思っています。美味しいものを食べて友だちと楽しい時間を過ごしたり、時には吐くまで飲んだり(笑)。

そういう、「ここ」でしか味わえないような貴重な体験を、僕は、もっともっと楽しみたいと思っているのです。そのように考えると、この人生で経験する一つ一つが、とても愛《いと》おしく感じ始めるのです。

第六章　守護霊からあなたへ

リーディングをしていると、いろいろな方の守護霊が、いろいろなメッセージを送ってくれますが、そこには大まかな傾向があり、多くの人にも当てはまると思われるものがあります。そんな事例を、ここでいくつか紹介したいと思います。

◆子供を授かりたい人へ

最近は、子供が欲しくて治療もしているけど、なかなかうまくいかないと悩んでいる女性が多いです。そして、そういう女性をリーディングで見てみると、守護霊が、生まれようかどうしようかと上の世界から下の世界を覗いている子供を見せてくれることがあります。そういう子供が見えた時は、その女性に対して、「まだ機会があるから、もう少し頑張って治療を続けてみたら？」というアドバイスをすることがあります。

また、そういう人には時間があればヒーリングをしてあげて、赤ちゃんが心地よくお腹にやって来られるように準備してあげたりすることもあり、それがうまくいって、すぐに妊娠して無事にお子さんを生んだ方もいます。

もちろん、残念ながら降りてこようとする子供が見えないこともあります。そういう時は、霊能者として、メッセージを伝えるのがとても難しいのですが、「今は降りてこようとする子供が見えないけど、強く望めば可能性がないこともない」ということを、正直にお伝えします。

以前、ある女性にリーディングをした時に、「四月から六月くらいに、いい知らせが来るような気がします」とお伝えした方がいて、「それはもしかしたら、お子さんができるとか、そういった感じの、いい知らせのような気がします」と僕は言ったそうなのです。

しかしその方は、じつは子供ができにくい体で、お医者様からも、子供を持つことは難しいでしょうと言われていたそうなのですが、なんと六月の終わりに検査したら、子供ができていることが分かったのだそうです。

ただ、その時は、「まだ心音が聞こえないのでハッキリとはしない」と、おっしゃっていましたが。

あと、こんなこともありました。あるとき偶然、友だちと道で会ったのですが、その時その友人は、不妊治療を終えて帰ろうとしているところでした。そこで僕がその人のお腹に手を当ててみると、とても強くて熱いエネルギーを感じたので、「いい感じがするね」と話していたのです。

しかしあとで聞いてみると、受精卵は子宮に着床したのだそうですが、その後すぐに離れてしまったそうなのです。実際には、そういうことも多いのでしょうね。

ただ、その友人は僕とたまたま会って話せたことで、とても勇気づけられたと言ってくれました。これも、守護霊の一つの応援の仕方なのでしょう。

子供を授かるということは、親と子供それぞれに必要な環境が整ったときに起こる現象だと思います。実際に子供というのは、自分が生まれてくる前に、「この親なら大丈夫だろう」と確認しながら降りてくるものであり、中には、そうやって親を選んで来たことを覚えている子供もいるそうです。

ですから、子供たちにとって、どの親のもとへ行くかということは、とても意味のあることであり、それぞれが、ちゃんと選んできていることなのです。

そして、親になる人にも、それなりの理由や環境があります。だから、親になれない人も、その、親になれないということで何かを乗り越えたり考えたりする必要があったり、子供を育てない代わりに、自分のために時間やパワーを使って、何かをしなければいけなかったりするのです。ですからもちろん、子供が生まれないからといって、自分を卑下したり、悩んだりする必要は何もないのです。

◆仕事で悩んでいる人へ

仕事がどうしても嫌で、辞めたいと思っている人はたくさんいます。これに関して守護霊に聞いてみると、「仕事に対してのその人の考え方がまだまだ成長できていないだけで、いま仕事を変わったとしても、結局、同じ問題にぶち当たるため、仕事を変わっても同じです」と言われることもあるし、「今がチャンスなので、早く次の仕事を探す行動を起こしなさい」と言われる時もあります。

この、どちらの行動が必要かということは、もちろんその人によって異なってくるのですが、サロンに来られる方で仕事について悩んでいる人というのは、心と体が疲れ果ててしまっている方がとても多いです。なので、そういう人に対しては、仕事をいったん休むとか、プライベートな部分で息抜きをきちんとする時間をとるように、というようなメッセージが来ることが多いです。

あと、仕事で悩む人というのは、基本的にまじめな人が多いように思います。仕事に対して、何から何まできちんとこなそうとか、責任を全部背負い込むような人は、仕事で悩むことが多いです。だから、柔軟に考え、行動することは、自分を楽にするためにも、とても大切なことなのです。

そもそも仕事というのは、誰かのためにする行為です。どんな仕事であっても、その人の仕事によって、他の人が喜んだり助かったりしているのです。

自分が費やす時間や労力の代償に対してお金はもらいますが、それ以上に、たくさんの徳を積んでいるのです。そして、仕事を通して学んだり苦しんだりしながら、多くのことを経験させてもらっています。

そういう意味でも、仕事は、人の人生とは切っても切れない大切なものなのです。そんな仕事を、自分の人生をより豊かにするために、もっと利用するべきなのです。

それなのに、仕事を嫌々していたり、中途半端な気持ちでしていたりするのでは、結局それなりの形でしか自分に返ってきません。このことを忘れず、自分と仕事との良いつきあい方を、自分なりに探すことが必要なのです。

仕事についても、守護霊はたくさんのメッセージを送ってくれています。これから進むべき道へのヒントや、間違った道に行ってしまっている時には、わざと困難を与えてくれて、いちど立ち止まり、自分の道を見つめ直す時間を作ってくれたりしています。そうしたメッセージを上手に受け取り、活用していくことは、上手に人生を歩んでいくためのコツでもあります。

ビジネスをしていると、自分はこれをするべきだとか、これはこうなっていくだろうと、ふとした瞬間に感じることがあります。そして、ビジネスで成功している人たちは、この感覚を大事に扱っている人たちでもあります。これは、一部の人に与えられた特殊な能力ではありません。私たちみんなが持っている能力です。

仕事には、自分の時間の多くを費やしています。だからこそ、こうした守護霊からのメッセージを上手に利用して、より良い道へと進んでいきましょう。

◆子供の将来が心配な人へ

子供のことがかわいければかわいいほど、親は子供のことを心配してしまうものです。そのこと自体は悪いことではないのですが、心配をしすぎて過剰反応したり、子供が必要なものや充分な環境を与えられていないと、自分を責めたりする親が多いのも事実です。

先ほども言ったように、子供は、生まれてくる前に、自分の親を選んでくるのです。それに、親になるというのは、魂のレベルでのボランティアのようなものです。

僕は、ボランティアというのは、あくまでも、自分の余力の部分で誰かのために何かをしてあげることだと思っています。しかし、たまにボランティアをしている人の中に、「自分の人生に向き合って幸せをつかむ」ということを、していない人を見つけることがあります。それでは、本末転倒なのです。

ですから、子育てに関しても、できることをしてあげればいいのであり、自分の人生を無視して子供のためだけに生きようとするのは、やはり間違いです。

また、子供に良い環境を与えられていないとか、好きなものを買ってあげられないと悩む必要も、まったくありません。

子供に一番必要なものは、高価な洋服や環境の整った家ではなく、「純粋な愛情」なのです。「何があっても、そばで応援してあげるよ」というような温かい想いは、子供たちに何よりも強い安心感と幸せ感を与えてあげることができるのです。

あと、もう一つ気をつけないといけないことは、子供に、ちゃんと「生きる力」を与えてあげるということです。

この「生きる力」とは、親から離れて自分自身の足で人生を生きていく時に、ちゃんと外の世界で、自分らしい道を、楽しみながら戦っていける力です。

今の親には、子供に良い教育と学歴を与えることが、その「生きる力」だと思っている人が多いのですが、本当の「生きる力」というのは、もっと根本的な、子供の中にある力のことです。

子供が自分に自信を持ち、自分の意見をきちんと持ち、そして自分の希望とする人生を自分で切り開いていく勇気を持つ力です。

そのためには、学歴も必要かもしれません。ただ、それが、親の押し売りになってはいけないのです。子供が自分で自分のことを考え、そして進みたい道を進むため、できる限りの「応援」をしてあげることが、親の仕事なのです。

ですが実際には、子供の意思や個性を見ないで、親の想いや世間の常識を押しつけてしまうことが多いものです。

かわいい子には旅をさせよと言いますが、この精神が今の親には大切なのです。時として、子供が苦しんでいるのを知っていても、その子供の考える力や戦う勇気を引き出すために、じっと我慢して見守ることも大切です。

例えば、子供がいじめられているのを知ったとき。すぐに、いじめた子供を責めたり、自分の子供を転校させたりなどと考えるのではなく、まず、子供と話し、いくつかのアドバイスをして、背中を押してあげる。そして、見守るのです。

この「見守る」ということは、親としては一番つらいことかもしれません。でも、この見守ることが、子供の中の成長を促してくれるのです。見守ることとは、決して子供を粗末に扱ったり、親としての役目を果たさなかったりすることではありません。本当に必要なときには、手を差しのべてあげればいいのです。

子育てに関しては、まず第一に、子供に生きる力を与えるにはどうすればいいのかを考えてあげましょう。

◆人づきあいで悩んでいる人へ

これだけ多くの人が混じり合いながら生きていると、その人とのあいだには、いろいろな問題が起こりうるものです。それぞれの価値観や目的などが大きく違っているのですから、人と人とのあいだに摩擦が起こるのも、当たり前と言えば当たり前の話です。そして、職場や近い立場の人と問題が起こることで、毎日悩んでしまうのも、これはやはり仕方のないことなのです。

ひとことで「人づきあいの問題」と言っても、起こっていることの理由はいろいろでしょう。でも守護霊が言うのは、「どんな人との問題も、自分に意味がある」ということです。

それは、自分のネガティブな考えなどが呼んでしまっているのかもしれないし、自分がもっと強くなるために起こっているのかもしれないし、今の状況から抜け出しなさいという合図なのかもしれない。

だから、その起こっていることの自分への意味を、よく考えることが大切なのです。そして、その意味に従って行動することが、起こっている問題から抜け出す手がかりとなるのです。

人が他人に対して、いじめや嫌がらせの行為に出る時というのは、ほとんどの場合が、嫉妬と、自分のストレスなどのイライラや怒りをぶつけて発散していることが多いものです。こうしたことのほとんどは、その嫌がらせをする人の中の問題であり、こちらにできることは何もない、ということが多いのです。

そんな時には、次の四つのことをチェックしてみましょう。

・あなた自身のエネルギーや考えがネガティブになっていないか？

エネルギーというのは、同じようなものが寄ってくるものです。あなたが疲れていたりしてエネルギーが落ちている時や、イライラしたり悩んだりしている時というのは、ネガティブなものを引きつけるエネルギーを放っているということです。

反対に、元気な人や満たされている人というのは、自分から強くてポジティブなエネルギーを放つので、ネガティブなものが寄ってきにくくなります。

ですから、自分の今の考え方やエネルギーを常に確認することが必要なのです。

そして、ネガティブな時というのは、そういうエネルギーに対して、さらに怒りや批判などのネガティブな行動でエネルギーを返してしまいます。そうすると、さらに悪いエネルギーの流れ、悪循環を作ってしまうのです。だからこそ、ネガティブなエネルギーが来ても、同じようなエネルギーで返してしまってはいけないのです。

・自分の言葉や行動に思いやりはありますか？

人とトラブルをよく起こす人というのは、たいてい、どこに行っても同じような問題を起こしているものです。そして、僕からそういう人を見ていると、その人自身の心に悪い思いはないのですが、言葉や行動に、相手の気持ちを逆なでしたり、不快な気持ちにさせる要素がたくさんあったりするのが分かります。

そういう人は、まじめすぎて心に余裕がなかったり、自分中心の見方や考え方が強く、相手の立場に立って考えることが少ない人だったりします。

そんな時、守護霊はよく言われます。「自分の周りの人に、もっと興味を持ちましょう」と。そして、「相手がどうしてそのように思うのか、相手がどうしてほしいのかを考え、思いやりのある、優しい気持ちで行動しましょう」と。

そうした、ちょっとした心の持ち方で、人とのつながりは大きく変わるものです。

・強い自分を作れているか？

人間というのは不思議なもので、自分より弱い人や、弱く見える人が周りにいると、つい、いじめたり攻撃したりしたくなるものです。

自分は人間関係が苦手だと思っている人は、どうしてもこの弱さが出てくるし、新しい環境に入ったり、自分に自信がなかったりした時も、この、弱いオーラを放ってしまうものです。

もちろん、ここで言う「強さ」というのは、相手に何かされたら仕返しして戦う、というようなことを言っているのではありません。私たちの心の中の強さ、常に平常心を持ち小さいことに動じない強さのことです。

優しい人というのは、どうしても周りの人に良い顔をしてしまって、強い人に振り回されたりするものです。しかし、この世界というのは、優しいだけ、きれいごとだけでは、生きていけません。時として、強い意志や行動力も必要なのです。

守護霊はいつも、「周りで起こることに対して、いちいち傷ついたり怒ったりするのではなく、淡々と見つめて行動しなさい」と言います。そうすることで、自分の状況にいちいち過剰に反応したり、弱いエネルギーを出したりすることが減っていくのです。

自分の中に強さを持ちましょう。そうすることで、あなたに対して嫌なことをできなくする、バリアみたいなものを作れるのです。

・本当にそこにいるべきなのか？

人とのトラブルが発生する時というのは、「その人や環境から離れるべき」というメッセージであることがよくあります。つまりその問題が、本当にその場所にいるべきなのかどうかを考える良い機会になるのです。

例えば、パートで働いている職場の環境が悪く、人間関係も最悪で、仕事に行くのがとてもつらいのですという方が多くいらっしゃいます。

でも、そう言いながら、上司に頼まれて断れなかったとか、嫌なことばかりしてくる相手を無視するのもどうかと思う、などなど、仕事を辞められない言いわけを、たくさん考えているのです。

もちろん、生活のために仕事をしてお金を稼ぐことは大切なことなので、簡単に「仕事を辞めなさい」と言えるわけではありませんが、本当に今の状況が嫌で嫌で、毎日が楽しめないのであれば、やはり前向きに、自分を幸せにしてくれていない人や環境から離れる勇気を持つべきです。

あなたも、自分が変われない言いわけを、自分で作っていませんか?

以上のように、人とのトラブルというのは、さまざまな状況や意味が重なっていて、シンプルに解決することは難しいかもしれません。でも、その起こっていることは、私たちにとって、ちゃんと意味があり、何らかのメッセージなのです。

これも自分を見直す良い機会だと思って、ゆっくり考えてみましょう。

◆子供の頃のトラウマの影響を受けている人へ

子供の頃というのは、誰しも、感受性が強く、傷ついたり悩んだりすることがたくさんあるものです。特に、自分を育ててくれた両親や親戚などの言葉や行動によって、大きなトラウマを持ってしまうことがあります。

しかし、この地上に暮らすほとんどの人が、多かれ少なかれ、何かしらのトラウマを持っているのではないでしょうか。問題は、そのトラウマを恐れるあまり、心の奥底に隠してしまって見ないふりをするとか、いつまでもトラウマの原因となる人を恨み続けて前に進めない、といった状態です。

トラウマを心の奥底に隠してしまうという行為自体は、子供の頃の自分が恐怖心をなくすために必死にとった行動なのでしょうが、大人になるにしたがい、このトラウマがまったくなかったかのように思い込むようになるのです。でも、そのトラウマはしっかり自分の中に残っており、人生に何かしらの影響を与えます。

例えば、自分では理由が分からないけど、人と接するのが苦手とか、どうしても恋愛ができないなど、その人の人生に大きく影響を与えているものです。

このトラウマを見つける方法があります。それは、自分が普段、怖がっているもの、逃げているもの、苦手とするものを、よく観察することです。そして、それらのことが自分の子供の頃と何か関係があるかを考えるのです。

ほとんどの人は、見えないふりをしているだけで、ちゃんと魂は、自分が持っているトラウマの存在が分かっているものです。

自分のトラウマを見つけ、今の自分にとってはもう終わったことなのだと教えてあげ、そのトラウマがあったために苦手としていたことを前向きにとらえ、行動を起こしていくことで、トラウマというのは少しずつ乗り越えられるものなのです。

一方、トラウマの原因となった人を恨み続けている人も、多くいます。自分を傷つけた人を嫌ったり恨んだりする気持ちは、僕にもよく分かります。実際に僕も、大嫌いな人がいましたから。

でも、恨むことからは何も生まれないし、何も始まらない。それに、大人になっても誰かを恨み続けているような人を見ていると、その相手を恨んだり非難したりすることで、自分を正当化して守っているようにしか見えないのです。

人を恨む気持ちは、自分の中にずっと大きく存在し続け、その人の人生に大きく影響していきます。もちろん良いエネルギーではないので、多くのことに「悪く」影響していきます。ですから、やはり、人を恨み続けるということは、やめましょう。

だからといって、「神様や天使のように、自分を苦しめた人をとにかく許しなさい」とまでは言いません。そんなことは無理でしょう。ただ、あなたはもう大人です。大人になれば、自分の人生は、自分の選択と責任で変えていけるのです。

「これからは、自分の選択で人生を良い方向に変えていける」と強く信じて、前向きな行動をとることです。そうすることで、過去のトラウマは小さくなっていくでしょう。自分の「過去」も、すべて受け入れて前に進んでいく。そういうことが大事なのです。

世の中には、トラウマまではいかなくとも、過去の失敗が、その人の人生に大きく影響し続けることがあります。例えば、ある三〇歳くらいの男性なのですが、二〇歳くらいの学生の時につきあっていた彼女に二股をかけられていたことがショックで、それ以来、誰ともつきあえないというのです。

その男性は、見た目も悪くないし、健康そうで、魅力いっぱいの方でした。でも、彼の心の中の「女性とつきあうと、またつらい思いをするのではないか」という恐怖心が、彼の前向きな行動を止めてしまっているのです。

人は、日々変化して、少しずつ成長しているものです。何回かの失敗も、すでに過去のことであり、この先の未来も必ず失敗し続けるとは限りません。自分に合った時期や人が現れるまで、何度でも探し続ければいいのです。

失敗を怖がっていてはいけません。せっかくこの人生に生まれ、いろいろなことを経験しにきたのですから、「失敗すら楽しんでいく」くらいの余裕を持ちたいものです。

なお、世の中には、過去の「成功」を引きずって生きている人もいます。

それは、過去になし得た成功を自分の勲章として崇め、今もその成功した時の感覚だけを楽しみ、時代についていけない人のことです。

成功すること自体は、自分の自信にもつながるし、もちろん良いことなのですが、人生は常に変化し、自分もその変化に合わせながら前に進むものです。

ですが、過去の栄光に縛られて、今の時代や自分を変えられない人は意外と多く、結局はそれも、今の現実から逃げている行為なのだと思います。

人は死ぬまで、前に向かって歩き続けなければいけない。僕はそう思うのです。

◆ペットロスで苦しんでいる人へ

ペットロスで苦しんでいる方も、サロンへよく来られます。僕も犬を飼っていますが、ペットは家族の一員であり、大切な存在です。そんな家族の一員が亡くなってしまったら、その悲しみは大きくて当たり前です。

ペットロスで苦しむ人に送られる守護霊からのメッセージは、「ペットは飼い主のために生きようとします」というものです。ペットには、自分を家族の一員として大切にしてくれる家族のためなら、自分の命と引き換えにしても飼い主を助けようという本能があるのです。

そんなペットたちは、自分が亡くなって悲しんでいる飼い主を見ることが、一番つらいと言います。自分のために飼い主が苦しんでいる姿を見るのが、何よりもつらいのです。彼らは、そうして悲しむよりも、新しいペットを家族の一員として受け入れて、もっと人生を楽しんでほしいと願っています。

ペットが亡くなってすぐに新しいペットを受け入れるのは、亡くなったペットに申しわけないと考える人は多いものですが、実際のところ、亡くなったペットたちは、そんなことをまったく気にしてないのです。

ペットたちがこの世に存在しているのは、周りの人を癒すという役割があるからです。彼らは、無条件に飼い主を癒すために生きているのです。ですから、仕事に疲れている人、子供やお年寄りなどは、特に動物との交流をお勧めします。

以前の章で、僕の母親が軽い鬱になり、犬を飼うことでそれが治った、という話を書きましたが、その時、母に犬をプレゼントしたのは僕です。

最初は、手間がかかって大変だと文句を言っていた母親も、すぐにその犬を、家族の一員として受け入れるようになりました。すると、不思議なことに鬱もなくなり、とても元気で前向きな気持ちになったのです。犬には、こうした不思議な力が宿っているのですね。

また、年老いたご夫婦でペットを飼いたいという人は結構いらっしゃいますが、自分たちがペットよりも先に死んでしまってはペットがかわいそうだと、飼うことができない人が多いようです。

確かに、実際、年老いた飼い主がペットの面倒をみることができなくなり、捨てられてしまうペットたちも、たくさんいます。そのことだけを考えたら、ペットを飼わないほうがいいのでしょう。でも、お子さんのいる方は彼らに手伝ってもらうとか、ある程度、同じように年をとったペットを飼い始めるとか、あるいは、高齢者の人たちがペットを飼うための支援のような、便利なシステムができるといいですね。

問題を解決する方法はいろいろとあるでしょうから、ぜひ、あきらめず前向きに、ペットを飼うことを検討していただきたいものです。

◆病気が心配な人へ

人は誰でも、健康で長生きしたいと思っています。そして、テレビや雑誌を見ていると、たくさんの「体にいいもの」や「体に悪いもの」が紹介されており、その中から人びとは、少しでも体にいいものを取り入れようと努力しています。

でも、世の中にそういう情報がたくさん出てくると、人は、必要以上に、過剰に反応してしまうものです。例えば、添加物は体に悪いとか、肉を食べると体に良くないとか。

でも、添加物を気にしてばかりいたら食べられるものも少なくなってしまうし、肉は体に必要だから食べたほうがいいと言う人もいるし……。

とにかく、こんなことを言い始めたら、きりがないですよね。でも、多くの人は、こうしたマスコミの情報に踊らされて、こっちに行ったり、あっちに行ったり。

健康のために気遣っているはずなのに、必要以上に考え込んだり心配したりしてストレスを溜め、かえって体に悪い気がします。

病気というのは、先にも述べたように、心や、その人が持っているエネルギーに何か問題があり、その危険信号として体に現れる現象です。心に怒りや悩みやストレスを持ち続けることで、体が一度立ち止まり、「自分自身を見直しなさい」という意味で、病気を発生させるのです。反対に言えば、心が穏やかで満たされており、人生を楽しんでいたら、病気にはならないのです。

そういう意味でも、健康のために「あれはダメ、これはいい」などと考えすぎていたら、それがストレスとなり、結局は健康のためにならないのです。

いったん病気になってしまうと、お医者さんは、お酒を飲んではいけないとか、これを食べてはいけないとか、いろいろなことを注意します。私たちは、医者が言うのだから聞かなければならないと、頑張ってその注意を守ろうとしますが、それはそれで、やはりその人に大きなストレスを与えてしまいます。

例えば、お酒を飲むことが大好きな人であるならば、量は減らしたほうがいいかもしれないけれど、お酒を飲むという行為をすべて否定してしまったら、その人の人生の楽しみを奪い取ることになってしまい、別のストレスをためてしまうでしょう。それならば、適度に飲んでストレスを持たないほうが、よほど健康的ではないでしょうか。医者の意見はもちろんアドバイスとして聞きながら、できる限りの範囲で自分の生活に取り入れればいいのだと、僕は思います。

そして、長生きすることが良い人生だと私たちは思いがちですが、本当はそれも違うのです。人生に起こることはすべてに意味がある、と何度も申し上げているように、寿命の長さというのも、同じように意味があって起こっているのです。

若くして亡くなってしまう人を見ると、かわいそうだと思いがちですが、その人は人生の目的を果たしたから人生を終えたのであり、本人にとっては、とても充実した一生だった、ということもあり得るのです。

ですから、病気になったり死んだりすることを「怖がる」必要はありません。「病は気から」と言いますが、本当にそうなのです。ガンになりたくないと思っていたら、ガンを呼び寄せてしまうだろうし、寝たきりになりたくないと思っていたら、寝たきりになってしまうのです。

病気にならない一番の方法は、心を穏やかにし、自分の人生を楽しむことです。

◆恋愛ができない人へ

サロンに来られる方の多くに、僕が見る限りでは魅力的な人であっても、「彼氏や彼女ができないのです」という悩みを持っておられる方がいます。

もちろん、恋愛がうまくできないと言っても、いろいろと理由はあるのですが、守護霊がよく言われるのは、以下の三つのことです。

・外に出て人に会おう

恋愛が苦手だと言う人はどうしても、新しい場所に出て行って、新しい人と出会うことが苦手だったりします。

そういう人は、何人かの仲のよい友だち（特に同性）と一緒に過ごすことが多く、なかなか新しい異性との出会いを開拓したり、新しい関係を深めていったりすることを、躊躇《ちゅうちょ》してしまう人が多いです。これでは、出会いを得られないのは当たり前ですよね。

こういう時、守護霊は、趣味などの集まりやキャンプ、アウトドアの集まりなどを見せてくれて、そういう場所に行きなさいとアドバイスしてくることが多くあります。

自分は興味が持てなくても、友だちから誘われるということには何か意味があるはずだし、意外とそういう場所から、良い出会いが見つかったりするものです。

今までの自分の行動パターン以外のことにも、心を柔軟にして挑戦していく。そういうことで、人生の流れが大きく変わったりするのです。

・人に興味を持とう

恋愛が苦手だと言う人は、失敗したり傷ついたりすることに対する恐怖心を持っていることがほとんどです。でも、多かれ少なかれ、誰でもそうですよね。僕だって、ガンガン当たってこっぱみじんに失敗し、悲しみ傷つきます。

でも、僕は人が好きなのです。自分と違う考えや生き方を持っている相手がどんな人なのか、知りたくてしかたない。他人の生き方というものに、大いに興味があるのです。そうして、また新しい出会いにワクワクしながら、次こそはと思ってチャレンジするのが好きなのです。

このように、他人に興味を持ちましょう。他人の生き方や考え方を見て、良いことも悪いことも、自分の人生の中に生かしましょう。

恋愛だけでなく、多くの人との関わりを大切にする人は、さまざまな引出しを人生の中に持っています。それは、あたかも読書をするように、多くの「人生に関するケーススタディ」を相手から見せてもらっているからなのです。

例えば僕は、男女かまわず、「この人は楽しい人だから、もっとお話しをしてみたい」と思ったら、すぐに「お茶でもどうですか?」と誘います。

もしかしたら、小一時間ほど話しをして、その人とはそれっきりになるかもしれません。でも、もしかしたら、その人から元気をもらうかもしれないし、人生のヒントをもらえるかもしれない。そんな出会いに感謝しながら、また新しい出会いを求めるのです。

もちろん、そうすることで運命の人と出会うことだってあり得るのですが、まずはそのくらいの軽い気持ちで、出会いを楽しめばいいのではないかと思います。

あと、たまに、「自分には恋愛も結婚もいらない」とハッキリ言われる方がいます。そういう考え方も一つの価値観なのかもしれませんが、これは、人としてあまり自然な考えではないような気がしています。

「人は必ず結婚をしなければならない」とまでは思いませんが、やはり恋人やパートナーを持つことは、大切なことだと思います。

人と関わるということは、いろいろなエネルギーの交換をするということです。親しい友人や恋人とのエネルギー交換は、ただの知人とはまったく違う、大きな愛のエネルギー交換になります。

この愛のエネルギーというのが、もちろん目には見えませんが、とても温かくて、強くて、優しいエネルギーなのです。私たちはこの、愛のエネルギーを受けたり与えたりすることで、癒しのエネルギーを循環させているのです。

そうすることで、私たちは、心からの安心感や幸せ感を得ることができる。やはりこの愛のエネルギーは、誰にとっても、必要な癒しなのです。

・自分の中も外も磨こう

恋愛をしたいのなら、これが一番の近道です。自分の心の中も外見も磨くということ。

外見というのは、もちろん高い服を着るとかブランド品を持つとかそういうことではなく、髪形や体形や服装を少し意識して、身ぎれいにするということです。

服装などに興味がない人であれば、どんな服を着ればいいのか分からないかもしれませんが、周りにいるファッションが好きな人などに聞いてみれば、あなたに合うお勧めの服を教えてくれるでしょう。

そして、自分は太っているからと、あきらめている人もいるでしょうが、例えば僕はダイエットトレーニングを受けに行って、二カ月で一三キロ落とすことができました。

もちろん個人差もあると思いますが、太っている人というのは、食習慣が必ず太りそうなものになっています。ですから、新しい食習慣を学ぶことで、体形は確実に変わると僕は思っています。そして、自分の希望する体に近づけば自信も持てるし、オシャレをすることも楽しくなってきます。こうして、自分の気になっているところを、少しずつ変えていきましょう。

そして、最も大切なのが、心を磨くこと。これは、柔軟な心で、あまり考えすぎずに、楽しいことを見つけて、毎日を楽しむことです。

もちろん、愚痴ばかり言っていてはダメです。心が元気で楽しんでいる人から出るエネルギーは、周りの人を知らないうちにひきつけて、元気にしていきます。だから、楽しいエネルギーを出している人には、知らないうちに人が集まってくるのです。こうなれば、こちらからわざわざ誰かに告白しなくても、告白されるほうが増えてくるはずです。

そして、その時に手助けしてくれるのが「キラキラするもの」です。特に女性は、スワロフスキーみたいなキラキラするものが大好きですが、このキラキラが、あなた自身を輝かせてくれるのです。

僕は、自分でカットした水晶のブレスレットをしていますが、このキラキラするブレスレットをつけ始めた時、自分のオーラがキラキラ輝くのが見えました。そして、道を前から歩いてくる知らない人が、みんなそのキラッと光る部分を見ているのです。それも、その人の肉体が見ているのではなく、魂で見ているという感じ。

このように、キラキラするものを身に着けていたら、それがオーラにうつり、周りの人が、知らないうちに注目してくれるようになるのです。あなたの心が輝き、さらにキラキラするものを身につけていたら、まさに鬼に金棒というわけです。

以上、恋愛が苦手だという人は、ぜひこの三つのことを意識して行動してみてください。

◆親の介護で苦しんでいる人へ

日本では長生きする高齢者が増えてきて、親の介護をする人も増えてきています。最近では、老人ホームや訪問サービスなども充実してきていて、介護も、以前と比べると楽にはなっているのでしょうが、まだまだ「親の介護は子供がするべきだ」と考えて、無理をする人も多いようです。

介護は、毎日二四時間のことですし、そこにさらに認知症などが入ってくると、今までの性格なども大きく変わってしまい、自分一人で面倒を見るのは、かなり大変になります。

実際に、ひどくストレスが溜まってしまって、認知症の実の母親にさえ、毎日、怒鳴っている人を見たこともありますし、介護が終わって鬱になってしまう人も、たくさんおられます。それだけ介護というのは、大変だということですよね。

そんな介護をしている人たちに、守護霊はこのように言います。

「育ててくれた親の面倒をみることはとても良いことです。でも、この世にあなたが生まれてきたのは、あなた自身のためなのです。自分自身が幸せになるために生まれてきたのです。ですから、人生の中で大切な人に順位をつけるとしたら、自分が一番にならなければならないのです」

もちろん、だからといって、親の面倒をみなくていいと言っているのではありません。自分の人生をきちんと過ごした上で、できる範囲で親の面倒をみればいいのです。ですから、決して親の面倒をみるために、仕事や人間関係や趣味などをやめてはいけません。それは、あなたを優先した生き方ではないからです。

今は、さまざまな助けを国などから受けることができます。親に悪いからとか、親が嫌がるからとか、そういう理由で「自分が」苦しむのではなく、ちゃんと第三者の手助けを受け入れましょう。そして、自分が自分の人生を楽しむことは、親も喜んでくれるのだと信じましょう。

認知症になった人は、いろいろなわがままや無理難題を言ってきたりもするでしょう。でも、そういう人たちの思考は、元気であった時の親の考えではないのです。必要以上にまじめに受けとめるのではなく、なるべく聞き流してあげるようにしましょう。

◆家族を失って落ち込んでいる人へ

前にもお話ししたように、サロンには、家族を亡くされて、その悲しみから抜け出せない人が来られることも多くあります。長いあいだ病気で苦しまれて、亡くなってすぐという魂は、まだどこかで休んでいるのか、とても静かで、あまり話しをされないこともありますが、ほとんどの方の魂は、ちゃんとそこに存在されて、元気な姿を見せてくれます。

私たちの人生の中で、人の死は、多くのことを考えたり学んだりさせてくれます。そして、特に家族の一員が亡くなった時は、もっとこうしてあげればよかった、ああしてあげればよかったと、後悔の念を持たれる方も多くいらっしゃいます。

そんな方は、亡くなった方からのメッセージを実際に聞いて、元気な姿を確認できると、とても安心されるようです。

そんなリーディングをしていて、守護霊が必ず言うことがあります。それは、「亡くなった人を想うことはいいが、その人との過去を引きずるのは良くない」ということです。

例えば、亡くなった方の部屋を何年もそのままにしておくとか、古くなった家を建て替えたいのに、亡くなったお父さんが大好きな家だからできないとか、そういったことが、典型的な、過去を引きずっている例になります。

このように過去にしばられるような考え方は、とてもネガティブなエネルギーを生み出してしまうので、やはりお勧めできません。それこそ、亡くなった方も安心して天国に行けなくなってしまいます。

ですからこの、お父さんが好きだった家の場合であれば、きちんとお父さんに「ありがとう」と感謝しながら、「生きている人が必要とする形に変えさせてもらいます」とお話しして、必要な形に変えていけばいいのです。そのことに対して、お父さんは悪く思わないはずです。亡くなった人の魂というのは、生きている時よりも、モノへの固執が少なくなるからです。

亡くなってしまった家族は必ず、あなたのすぐ近くで、いつも見守っていてくれます。ですから、悲しむことはありません。近くにいる亡くなった家族に話しかけてあげれば、みんな喜んでくれます。

たまに、「亡くなった家族が自分の夢に出てきてくれない」と悩む人がいるのですが、スピリチュアルな世界というのは不思議なもので、あまりにも強く願いすぎると、体と心に力が入りすぎてしまうのか、亡くなった人が夢に出てこようとしても、出てきにくくなるみたいなのです。そんな時は、もう少しリラックスして、「夢で会えたらラッキー」みたいな感覚で待ってあげるのがいいと思います。

そうは言っても、家族が亡くなると、やはり心は寂しくなるもの。でも、そうした悲しい時期を乗り越えたり、家族のありがたみを感じたり、生きるということを考え直したりする機会を与えてくれるのが、親しい人の死なのです。こうして、死をもって私たちにいろいろな経験させてくれていることに、まずは感謝ですね。

もう一つ、親しい人の死は、その人に対して「スピリチュアルな世界を、もっと考えてみなさい」というメッセージでもあります。実際、「以前はまったくスピリチュアルな世界に興味がなかったけれど、家族を亡くしてからは、いろいろと考えたり、受け入れたりできるようになりました」ということをよく聞きます。これもやはり、「仕組まれて」いることなのです。

亡くなった人は、残った人に、いつも小さなメッセージを送り続けています。それは、音楽とか自然を使ったものかもしれないし、とにかく家族に分かりやすい方法で、自分がそこにいることを知らせようと努力しています。

そんな小さなメッセージを、どうか受けとめてあげてください。そのようにして、亡くなった人がいつも近くにいてくれるのだと感じられたら、あなたの寂しさもやわらぐはずです。

最後に、家族を亡くされてリーディングに来られた方への守護霊からのメッセージが、大きくその方の人生を変えたという事例を、ここに紹介したいと思います。

その女性には、子供のころから病気がちだった、六歳ぐらいの息子さんがいらっしゃいました。その子は残念ながら亡くなってしまい、家族にとっては、とても大きなショックとなってしまいました。お母さんは息子さんの死をまったく受け入れることができず、自分を責め、遺灰を常に持ち歩くという状態でした。

そこで僕が、あらためて亡くなった子供さんとお話しすると、「今はスピリチュアルな世界で楽しく過ごしているし、お母さんがそんなふうに感じたり考えたりすることは、今の僕には必要ないよ」と言ってきます。そして、いつもお母さんの近くにいるのだから、そんな自分を感じてほしい、遺灰を持ち歩く必要もまったくない、と言います。

そんな話をしていると、お母さんがどんどん元気を取り戻してくるのが分かりました。

そして、リーディングを終わろうかと思ったときに、彼女の守護霊が言ったのです。

この女性には、亡くなった息子さんのほかに、彼のお兄ちゃんとお姉ちゃんが一人ずついるのですが、守護霊は、「その子供たちが海外に行くチャンスがあれば、ぜひ行かせてあげなさい」と言うのです。

そのメッセージをそのままお伝えしたところ、お母さんは、とても驚いた様子でした。なぜなら、その時ご主人のオーストラリアへの転勤が決まっていたそうなのですが、亡くなった息子さんが日本にいたら寂しがるだろうからと、お母さんと子供たちは日本に残ることに決めたそうなのです。

でも、亡くなった息子さんの魂はオーストラリアに行っても一緒にいられるのだし、残されたお子さんたちにとっては、海外に行くことがきっとよい結果になると、守護霊は言っていますよ、とお伝えすると、彼女は「前向きに考えてみます」と言って帰られました。

後日、この女性からメールが届きました。その中には、こう書かれていました。

ご主人は、本当は、一人でオーストラリアに行くのは寂しくて仕方なかったのですが、その時の状況を考えて言い出せなかったこと、今では彼女も遺灰を持ち歩かなくなったこと、そして家族全員でオーストラリアに行く方向で、オーストラリアを訪ねようと思っています、という内容のものでした。

それからこの女性とは連絡をとっていないので、現在の状況は分かりませんが、きっと前向きに家族みんなで楽しく過ごされていると信じているし、それを心から願っています。

このように、霊能者をしていて本当に良かったと思う経験も、たくさんさせてもらっています。守護霊の人生の計画というのは、こんなにも感動的なものなのです。

第七章　人生の困難を克服する力

人生には、魂が越えなければいけない課題がいくつかあり、その課題の内容というのはその魂によってそれぞれです。

この世に生まれてくる前に、その課題はだいたい決めてくるのですが、子供の頃には、なかなかその課題が分かりにくいものです。でも、中学から高校あたりになると、この課題というのが、なんとなく分かってくることがあります。

どうしてそれが分かるのかというと、その人の課題というのは、その人が生きていく上で常に大きな問題となって本人を苦しめますし、それゆえに何回も同じようなことで悩まされるからです。

そういうものが、この人生で越えなければならない課題です。しかし、子供の頃というのは対応能力があまりなく、問題が起これば必死に戦ったりもしますが、逆に大きなトラウマを作ってしまうのもこの時期なのです。

人生の課題とは面白いもので、周りの人から見たらたいしたことでないことでも、その人にとっては、とても大きな壁だったりするのです。そういうカリキュラムになっているのです。

しかし、多くの人は、その課題がつらすぎて、時にはそれを見ないようにしたり、その課題から逃げるような行動をしたりするものです。でも、そこには不思議な傾向があって、課題から逃げようとすればするほど、その課題は大きくなってくるのです。

だから本当は、人生の課題から逃げてどんどん大変になるよりも、当たって砕けて問題を解決してしまったほうが楽なのです。

人生の課題から逃げる方法の、究極のものは自殺です。

自殺というのは、今の苦しい状態から逃げるには、最高の方法かもしれません。でも、自殺をすると、人生に必要なカリキュラムを終了できなかったということで、たとえ生まれ変わったとしても、再び同じ状況の課題がやってくるのです。

結局、自殺して逃げても、また同じところに戻ってくる。つまり、二度手間になってしまうのです。

こういうとき守護霊は、「どっちみち同じ道を歩むのであれば、逃げるのではなく、問題にぶち当たっていってはどうですか?」と言います。

課題というのは、向かって行く時にはとてもエネルギーを使いますが、実際に越えてしまえば、こんなものだったのか、ということになるのが普通です。そして、越えたあとの人生には、まったく違う楽しさが待っている。そういうものなのです。

例えば、僕は、子供のころから自分がゲイだと分かっていました。でも、その頃はまだ、今のようにゲイということを大っぴらにはできない時代でしたし、僕自身も実際、すごく悩みました。

普通の男の子のように女の子を好きになれれば簡単なのですが、そうすることもできない。そして、恋愛対象として男の子を好きになるけれど、それは、決して誰にも話してはいけないいし、周りの人にバレてもいけない。

そんな中で、死んだらどれだけ楽になるだろうと考えたこともあります。そうやって自分をごまかして、他人に嘘をつき続けて、何十年という月日が経ちました。

この、他人に嘘をつき続けているあいだは、自分がゲイであるということがバレないだろうかと、いつもビクビクして生きていました。

そして、僕が霊能者になったころから、僕の守護霊は、「自分の仮面がいくつもあるのを知っているか？　本当の自分と向き合ったらどうだ？」というような内容のメッセージを何回も送ってくるようになりました。

さらに、リーディングに来られた方に守護霊から来るメッセージも、自分らしく生きたらいい、本当の自分に気づいて自分に嘘をつかないように、など、まるで自分がそう言われているかのようなメッセージばかりが、届けられているような気がしていました。

そこで、霊能者になってから半年くらい経った頃、ついに決意しました。そして、仲の良い友だちにカミングアウトし始めたのです。ところがなんと、ほとんどの人は、「知ってたよ」とか「それで？」というような反応（笑）。

中には、「わざわざ言う必要はなかったのに」と言ってくれる人もいました。でも、これは僕にとっての決意と行動であり、自分できちんと「言う」ことが大切だったのです。

おかげさまで今は、本当に自分らしく生きられるようになり、心が楽になりました。

もちろん、ゲイだということで、避けられたり、良くないことを言われたりすることもありますが、そんなことはもう、どうでもいいのです。自分らしく、楽しく、正直に生きられているから。

ほんと、もっと若い時にカミングアウトして、自分の人生を今の一〇〇倍ほど楽しめばよかったと思うくらいです。

このように、人生の課題は人それぞれ、いくつもあります。大人になってから初めて出てくるものもあります。しかし、それを怖がって逃げるのではなく、越えなければ前に進めないのなら、思いきってやってみる。なぜなら、課題を乗り越えた先には、きっと大きな「ごほうび」が待っているから。

そんなことを実感できるような、僕の体験でした。

あと、大病を患ってしまうような人にも、同じようなことが言えます。

僕の知り合いで、ガンになってしまったある方は、抗ガン剤治療を何回かして、ガンが小さくはなっているけれども、思うほどには治療が進まないと言います。

今の抗ガン剤治療は進歩していて、一回の抗ガン剤治療で治る人もいるそうなのです。

そんな人に対して、守護霊からこのようなメッセージが届きました。

「スピリチュアル的に次の段階に来ています。この病気を治すためにも、自分の人生の本当の意味や、幸せを考えないといけません。それは、自分が今まで持っていた価値観や考え方など、すべてを根本から見直すようなものです。家族や友人のためではなく、自分のために、自分の魂に何ができて、何が生きがいを感じさせてくれるのか、そういうものを探し求めていかなければいけません」

この方は、親や社会から教えられた価値観を子供のころから持って生きてきました。そして、大人になって仕事がかなり忙しくなり、家族との時間も減っていましたが、仕事で成功してお金を稼ぐことで、自分を奮い立たせていました。

でも、病気になって気づいたのです。仕事が一番ではないと。

今は、仕事も長期に休んで、家族との時間を大切にしています。そのことはそのことで素晴らしいのですが、彼は、もう一つ上のステップに進まなければならないのです。

それは、本当の自分というものを見つめ直し、自分がどんな人で、どんなことをしている時が楽しいのか、何をするためにこの人生に生まれてきたのかを考え、そこから出てきた答えに従って純粋に行動し、魂が喜ぶ「何か」を見つけてあげなければいけない、ということです。

それは、何か趣味を持つことかもしれないし、仕事上のことかもしれない。あるいは、ボランティア活動かもしれない。

大きな変化ではなく、周りの人には気づかれないようなことかもしれないけれど、その人にとっては、とても意味のある一歩。

そういう「何か」に気づいて行動できたときに、病気という人生の困難を越えることができるのです。

決意することで、人生は大きく変わる

ここまでお話ししてきたように、自分の中で本気で決意することで、人生は大きく変わっていくものです。

人生の変わり目というのは、どれくらい努力をしたかとかそういうものではなく、本気で決意した瞬間に大きく変わり始め、ちゃんと決意ができたら、七割ぐらいは成功するのではないでしょうか。

この、決意した瞬間には、自分から出てくるエネルギーや、周りのエネルギーでさえも、大きく動き始めるのです。その規模は、宇宙的規模であることすら、充分にあり得ると思

います。そして、決意を持って行動することで、このエネルギーがどんどん加速していくのです。

僕が霊能者として活動し始めた時、僕の守護霊は何回も、本当に霊能者になる気があるのかと聞いてきました。僕はそのつど、「やらなければいけない道なら喜んでやります」と言っていたのですが、それでも確認をしてくる。

最初は、なぜそんなに何回も聞いてくるのかと不思議に思っていたのですが、その時の僕にはまだ、霊能者になることで自分が経験しようとする困難や険《けわ》しき道についての理解ができておらず、本当の意味での「覚悟」が足りなかったのだと思います。

しかし、実際にとてもつらい経験をして、それでも霊能者として自分らしく道をきわめていこうと強く思った瞬間から、守護霊は僕に「決意」を確認しなくなりました。

そして、その瞬間から、僕自身も、自分の進む道がはっきりし始め、道も拓けてきたのです。

人は、もともと弱い生きものです。すぐに楽な道を選択しようとするし、困難や問題があれば、できるだけ避けようとしたり、見ないふりをしたりする。でも、そんなことをしていたら、大事なところで前に進めないのです。

自分に言いわけをしたり、逃げ道を考えたり、他人や周りのせいにしたりしていたら、本当の意味での「決意」をすることは難しいのです。

もしもあなたが今、人生の壁にぶち当たっていると感じているのなら、まずは、自分の中に「逃げ」の部分がないかを確認しましょう。そして、自分には本気の決意があるのかどうかを確認しましょう。

この、本気の決意ができた時の自分と、周りのエネルギーが変わる感じを理解できたら、次の壁にぶち当たった時も、また同じように決意すればいいのであり、その壁を越えるための方法も、さらに分かりやすくなるのです。

「正負の法則」を使いこなしてみよう

本章を終えるにあたり、ここで、「正負の法則」というものについて、少し考えてみたいと思います。

正負の法則とは、「人生には、良いことも悪いことも均等に起こっている」という考え方です。

これは、誰にでも、同じように良いことと悪いことが、バランスを取りつつ起こっている、ということ。これを言い換えてみると、「良いことを増やすためには、みずから悪いことを増やしていけばいい」ということになります。

誤解のないように言っておくと、ここで言う「悪いこと」というのは、自分のためではなく他人のために自分の時間やエネルギーを使う、ということ。例えば、道で困っているご老人を助けるとか、ボランティア活動をするとか、公衆トイレをきれいに使うとか、そういったことです。

これらは、自分のためではなく、他人のために自分の時間やエネルギーを使っていることになり、こうした「悪いこと」（本当は良いおこないなのですが）を増やしていくと、自然と「自分に」良いことが起こってくるということなのです。

ですから、他人のために何かをすることは、本来、喜んで感謝しながらするべきことなのですが、人というのはどうしても、自分中心に考えがちなもの。そういう意味でも、仕事というのは、この「悪いこと」を増やしてくれる、素晴らしい場所なのです。

例えば僕は、霊能者として、ある一定の時間、人と向き合っていろいろなお話をします。もちろんお金をいただいてはいますが、その時間は、その人のために時間もエネルギーも使って、お役に立てるように過ごしている。すると、そのエネルギーは今度、自分に良いエネルギーとなって返ってきてくれるのです。

もう一つのお仕事である客室乗務員も、飛行機を利用する何百人という人が快適に過ごせるように、お手伝いをします。ゴミの始末から病気になった人の世話まで、さまざまなことを求められて、誰かのために働きます。

これも、給料はもらっていますが、その瞬間は、その人たちのためにと考えて行動している。そういうことが大切なのです。

仕事というのは、基本的に、誰かのためにする行為です。ですから、仕事をしながら自分が幸せになるためのこともさせてもらっている、じつにありがたい経験なのですね。

このように、人生で扱っていくエネルギーの中で、いちばん気をつけて扱っていかなければいけないのが、「お金のエネルギー」です。

お金のエネルギーは非常に強いので、上手につきあわないと、そのエネルギーが間違った方向に動いたりします。

例えば、あるビジネスをしていて、お金が儲かって仕方がないという人がいたとします。もちろん、そのお金で自分にごほうびをあげることも大切なのですが、そのお金を、他人のために、快く使うことが大切なのです。

この、他人のために快くお金を使う、ということができないと、強いお金のエネルギーがどんどん自分だけにたまってきて、自分ひとりでは処理できないほどの強いエネルギー、「正負の法則」でいう「正の部分」を多く作ってしまうことになるのです。そうすると、いつか強い「負の部分」を呼び寄せてしまいます。

僕が見てきた限りでは、その人自身や家族の健康状態などに、その負の部分が出てくることが多いように思われます。ですから、たくさんのお金を持っている人の場合、本人やご家族が病気がちだったりすることが非常に多いのです。

そこで、お金を多く稼ぐ人は特に、他人のためにお金を使って、強いお金のエネルギーをどんどん次に回していくことが必要になります。

そして、この「他人のために」というのは、親戚や友だちというのではなく、できるだけ自分に関係のない人へ回していくことが大切です。

親戚や友だちならば、誰だって喜んで助けますが、赤の他人に何かをしてあげるという行為は、少しハードルが高くなります。そこがいいのです。

アメリカなどのお金持ちは、この「正負の法則」を知っているかのように、多くの寄付をしたりしますよね。もちろん、企業のイメージを上げる戦略である場合もあるでしょうが、本当にお金を持っている人というのは、他人にお金を使うことが大切だということを、本能からなのでしょうか、よく知っているのです。

僕がこうしたことを話すと、「このように、自分に良いことが起こるように、わざと何かをするというのは、打算的で良くないのではないですか？」と、よく聞かれます。ですが、それは大丈夫なのです。

例えば、「ありがとう」という言葉を何百回も言っていると本当にありがとうという気持ちになることが起こる、と言われて、「ありがとう」と言い続ける人がいます。そういう場合の「ありがとう」は、一つ一つのありがとうに気持ちを込める必要はなく、そこに言霊《ことだま》と心のエネルギーを作り出すことが大切なのです。

他人のために何かをするということも同じで、「誰かを幸せにするため」とか、そんな大きなことを、いつも考えておく必要はないのです。自分の時間とエネルギーを他人のために使う、ということが大切だからです。

ですから、自分のためにやっていると分かっていても、結局は人のために役立っているのです。

この「正負の法則」を理解して自分の生活に取り入れることで、良いエネルギーの流れを作ることができます。

みなさんも、ぜひやってみてください。

第八章　守護霊は前世の自分？

守護霊というのは、じつは自分の前世です。

それを見る霊能者によって誤差はあるのかもしれませんが、僕が見るかぎりでは、メインにいる守護霊は、ほとんどがその人の前世です。

守護霊というのは、メインで二～三人います。その後ろに、必要な時に助けに来る守護霊がいるのですが、そちらの守護霊は、必ずしも自分の前世とは限りません。

「守護霊はあなたの前世です」と言うと驚かれる方が多いのですが、僕が見ていると実際そうなのです。

みなさんの知識やイメージの中で、守護霊というのは、自分を守ってくれる神様のような存在だと考えている人が多いからなのかもしれません。

では、どうして守護霊が自分の前世なのかというと、それはこういうことなのです。

まず、私たちがこの世に生まれてくる前に、今回はどんな課題を持った人生にするかを決めてきます。そして、自分の魂が今までの輪廻転生で経験していないこと、できなかったこと、課題と残してしまったことなどを一つの人生の中に詰め込んで、そのために必要な家族や人種などを選んで生まれてきます。この、人生のプログラムを決める時に一緒にいてくれる人が、守護霊なのです。

自分たちが前世でできなかったことを乗り越えるために、「生まれ変わりの魂」が、この地上に降りてくる。それを支援するために、守護霊、つまり前世の魂たちが、私たちが生まれてから死ぬまで、近くで応援して見守ってくれる。そういうイメージです。

魂というのはエネルギーなので、このように、この世にもあの世にも分散して存在することができるのです。

こうした守護霊のことを、人によっては、神様のように崇めたり、天使だと言ったりする人もいます。その人それぞれの見え方や、これまで受けてきた教えなどによって、見える姿が変わってくるのは当たり前だと思います。でも、僕には前世にしか見えないし、自分の魂の分身だと思うことで、その距離感はグッと近づきます。

前世でできなかったことや課題としたことを乗り越えるためにこの人生に生まれてきた僕は、前世の自分よりも勇気があって前に進んでいると思います。だから、僕が守護霊に何か頼みたいときも、「頼むで！」みたいな感じでお願いするのです。

このように、守護霊は自分の前世であり、もともと同じ魂なので、守護霊たちが私たちを裏切ったり、見捨てたりすることは絶対にありません。私たちの「助っ人」としては、最も信頼できて、誰よりも私たちを愛してくれる存在なのです。

守護霊が生きてきた前世を見れば、今世の課題が見えてくる

守護霊というのは、前にも述べたように、さまざまな人種や性別です。例えば、今は日本人の男性であったとしても、前世は西洋人で、子供をたくさん生んだ女性だったりもするわけです。

自分が違う人種であったことを不思議に思う方もいますが、そのようにして、私たちはさまざまな経験をするようにできているのでしょう。

面白いもので、守護霊の面影《おもかげ》を、今世の私たちが引きついでいることもあります。例えば、顔の雰囲気が似ているとか、性格が似ているとか、その人が得意としていたことを今世でも得意としていて、そのことを生かして社会に貢献していたりするのです。

僕の場合だと、一人の守護霊は牧師で、聖歌隊で歌っていたという方がいます。その人は生きていた頃、とても良い声を持っていました。僕も小さい頃から歌うことが大好きで、ずっと少年少女合唱団に所属していましたし、多くの人に「声がいいね」と言われます。

このように、性格や趣味や特徴などが前世の自分と似ていることがあるのです。

一方で、自分の守護霊からのメッセージは受け取りにくい、という人がたくさんいます。

確かに、自分自身の思いなのか守護霊からのメッセージなのかがハッキリしないこともあります。守護霊が同時に自分の魂でもあるので、そのエネルギーがとても似ているのです。ですから、かえって、はっきりとした感じで受け取れない。

僕の場合も、他人の守護霊のエネルギーはよく分かるのですが、自分の守護霊のエネルギーは、とても弱く感じられます。それはやはり、自分とエネルギーが同じだからでしょう。他人のエネルギーは、自分の中に入ってくると違和感を感じるので、メッセージとしてキャッチしやすいのです。

では、実際に守護霊がどのようにして私たちにメッセージをくれるのか、僕がリーディングする時の感じを、あらためてここでご紹介したいと思います。

まず、リーディングする人の肩から頭の上あたりを見ていると、エネルギー体のようなものが見え始め、さらに集中していくと、男性なのか女性なのか、どんな顔をしているのか、などが見えてきます。

そして、もっと深く見ていこうとすると、その魂が、知っておくべき過去世の必要な部分を、どんどん見せてくれるのです。

そうして、前世でのその人の性格や悩んでいたこと、どんな暮らしをしていて、どんなことを失敗してしまったか、というようなことを教えてくれます。

このようにいろいろな情報を与えてくれる一方で、伝えるべきメッセージも与えてくれるのです。

前世の記憶といっても、じつに多くの情報があるのですが、守護霊はきちんと、いま必要な部分だけを見せてくれます。

僕の仕事は、その、守護霊がくれるメッセージを相手に伝えるだけなのですが、それでも、ちゃんとその人にとって必要なことが伝わるようにできているのです。

こうして前世の流れを見ていると、とても興味深いことに気づきます。それは、その前世が課題として残してしまったことは、今世でも同じような状況が現れ、同じようなことを、その人が悩んでいたり壁としていたりするということです。

そして、その前世で課題として残してしまったことに関わっていた人の魂は、今世でも、立場は違っていたりはしますが、かなり近い存在として、再び関わっていたりするのです。そして、その人との関わりの中で、再びその何かを越えなければいけなかったりする。

初めて会った人なのに、いきなり親しくなれたり、なぜか気になったりする人というのは、このように、前世からのつながりで再び出会っているということが、ほとんどです。

だからと言って、あなたが前世にとらわれる必要はありません。私たちは、「前世」とか「ツインソウル」とかというものを聞くと、必要以上に気にしてしまいがちです。実際にリーディングをしていても、自分の前世やツインソウルは誰かというようなことを知りたがる人は、やはり多くいらっしゃいます。

でも、僕の守護霊は、よく僕に言っていました。「前世からは、いろいろな情報を得ることができる。だから、前世を知ることは大切なのだが、それにとらわれすぎてはいけない。なぜなら、前世はすでに終わっていることで、今は今の人生を歩いていかなければならないからだ。それは、自分が新しく切り開いていく人生なのだ」と。

これはどういうことかというと、前世で何か問題があって今世でも同じような状況が現れた場合、「それは前世からのことだから仕方がない」というような、「逃げ」の理由にしてはいけないということです。

前世から同じ問題があると知ることは、今世では必ず解決しないといけない、ということの確認にはなるけれど、それを理由にして逃げてはいけないのです。

ツインソウルも同じことです。ツインソウルでないと言われれば、「やっぱりこの人とは縁がないのだ」と、すぐに関係を否定したりしてしまう。

たとえツインソウルでなくても、人との深くて良好な関係はできるのです。そこを、魂のつながりだけで判断してしまってはいけないのです。

さて、こうした守護霊は、私たちが生まれてから死ぬまで見守っていてくれるし、この人生では何を目的として生まれてきたのかということも、すべて知っています。

ですから、守護霊がくれるメッセージというのは、時として辛口のアドバイスや、お叱りであったりもするのですが、自分にとって本当に必要なメッセージを送ってくれます。

僕が、亡くなった親戚や友人などのメッセージよりも、守護霊からのメッセージを優先するのは、そのためです。それにしても、守護霊が自分の前世で、もともとは同じ魂だと分かると、なんだか嬉しくなりませんか？

守護霊は、神様のように遠い存在であなたを厳しく見守っているのではなく、常に自分と歩調を合わせてくれ、いつも寄り添ってくれる、自分にとって最高の応援団です。

自分がどんなにつらく苦しい困難に出合っても、必ずそこにいて、応援してくれている。私たちは何があっても、決して一人っきりではないのです。

この人生の主人公は自分！

さて、このように、前世や、まだ魂が経験したことがないことをすべて詰め込んだカリキュラムを作ってこの人生にやってきた私たち。このカリキュラムの中の主人公は自分だということを、絶対に忘れないでください。

守護霊は私たちの前世であり、彼らが乗り越えられなかったことや経験できなかったことを今世でやろうとして、自分はこの人生に来ている。ということは、自分が、今回の主役なのです。

人生をどう楽しむか、人生の乗り越える壁として決めてきた問題とどう向き合って解決していくかは、すべて自分が選択権を持っているのです。守護霊は、あくまでもその補佐でしかありません。ここを間違えてはいけないのです。

守護霊は、私たちの今世の魂の目的を知りながら、いろいろと助けてくれますが、最終的に何を選択するのかは、自分の判断と責任で決めるのです。それを、守護霊や他人のせいにはできません。すべての責任は、私たち自身が負っているのです。

確かに、自分が生まれる前に人生で向き合おうと決めてきた壁を、嫌なら逃げるという方法も取れます。なぜなら、自分が主人公であり、決定権を持っているから。

でも、越えなければいけないと決めてきたことは、逃げても必ず、そこを通るようになってくる。それは、守護霊が無理やり壁にぶち当たるようにしているのではなく、生まれる前にそう決めてきた「自分が」そうさせているのです。

そのことをちゃんと理解できれば、この人生は誰の責任なのか、逃げるよりも向かっていくことのほうが楽だということが分かるのです
さらに、もう一つ違う意味でも、人生の主人公は自分だということが言えます。それは、

「この世界は、みんなで一緒に暮らしているように見えるが、本当は、自分中心の世界が

あるだけで、そこに、今回の人生で必要な人の世界が重なりあっている。そのため、みんなが一緒に過ごしているように見えていても、実際には、その人たちは、自分に必要な経験ができるように、手伝ってもらっているだけなのだ」という考え方です。

ですから、どんな状況においても、人生と言われるステージの主役は自分であり、その主役は、周りの誰よりも幸せになっていいのです。そして、あくまで他人は、それぞれの主役の世界に生きているのだから、その人それぞれの主役の人生を楽しめばいい、というわけです。

以前リーディングに来られた方にこのことを説明しようとして、「人生は自分が主役の舞台なので、他人はすべて脇役であり、将棋の駒のようなものなんですよ」と説明して、驚かれたことがあります。

まあ、そういうふうに言うと、ちょっと他人に失礼なような気もしますが、「あくまでも自分が一番で、周りの人は、必要なときに絡んでいるだけ」というニュアンスをお伝えしたかったのです。

これは、他人の人生においても、自分が脇役としてその人の経験をお手伝いしているということであり、「お互いさま」なのです。ですから、そのことを悪いと思ったりする必要もありません。お互いに必要なところで重なり合い、助け合っているのです。

では、あなたは、自分の人生を主役として生きていますか？

人はどうしても、自分が愛する人のために生きようとする傾向があります。愛する人や家族や友だち、または、時として困っている他人のために生きる。それはもちろん素晴らしいことではありますが、人生の優先順位を忘れてはいけないのです。

人生の優先順位は、自分が必ず一番にならなければいけないのです。確かに、親や子供が困っていたら、自分のことはどこかに置いておいて、助けてあげたいと思うのが人情です。でも、スピリチュアル的に見ると、それは間違っています。人生の優先順位で家族を一番にして、自分が二番になるということはないのです。

常に自分が一番になるということは、家族のために自分が犠牲となって不幸せになるのであれば、やはりそのやり方や道は間違っているということであり、ただちに見直して別の方法を探したほうがいいということです。誤解を恐れずに言えば、人生は「わがまま」に生きればいいのです。

ただ、人生の主役であるということは、有名になったりお金持ちなったりしなければいけないと言っているわけではありません。

舞台やドラマの世界では、有名になったりお金持ちになったりすることが、人生の成功だとされることが多いですが、本当の成功や幸せは、もちろんそれだけではありません。本当の意味での成功とは、その魂が人生の目的として決めてきたことをきちんと達成して、その中で幸せを感じることなのです。

人によっては、それは、普通の家に生まれて、普通の結婚をし、普通に子供を育てることなのかもしれません。または、子供の頃に親との問題があって苦しみ、大人になってからも親との関係で苦しみ、自分の家族を持ってみて初めて親の気持ちが理解できるようになって、親に感謝できるようになることかもしれません。

大切なことは、自分のやりたいことを実行し、人生の目的となる問題を乗り越えながら、社会の常識が「良い」とする幸せではなく、自分の本当の幸せを理解して、それをつかむこと。そういうことをつかむために、自分は人生の主役になりきって、最後までその役割をこなしていけばいいのです。

介護が必要な親のために自分の大切な時間と夢をあきらめるとか、大好きな彼女を高いレストランに連れていくために自分の楽しみを我慢してカップラーメンばかりを食べるとか、親が払えなくなったローンを払うために自分は旅行も外食も全部やめてしまうとか。

そういうことは、自分が一番になっていない典型的な例です。

このように、自分以外の人が人生の優先順位で一番になり、自分が二番以下になっている時というのは、本人は誰かを幸せにすることが自分の幸せだと思っているのですが、実際には、それはただの自己満足なのです。

本当の自分の幸せは、自分を犠牲にすることからは絶対に生まれません。

他人を幸せにしたいなら、まずは自分から

守護霊は、「他人を幸せにしたいのなら、まずは自分を幸せにしてあげなさい」と言います。それなのに人は、家族や友だち、または世界の困っている人たちを助けたい、幸せにしてあげたいと思って行動します。

何度も言うように、そのこと自体は良いことなのですが、時として、自分のことを忘れたかのように外の世界ばかりに意識が向いてしまう人がいます。

例えば、アフリカにいる人たちを助けたいと考え、実際に物資を集めたり、アフリカに行ってお手伝いしたりすることも、たいへん素晴らしいことです。ですが、そういうこと

ばかりの生活になって、自分の生活や恋愛などがおろそかになってはいけないのです。

反対に、自分をきちんと幸せにできている人というのは、本人が意識していなくても、強い「幸せエネルギー」が放たれます。そして、その幸せエネルギーは、どんな行動や援助物資よりも、周りの人を癒し、幸せにできるのです。

家族を幸せにしたいのなら、まずは自分が幸せになりましょう。自分の心が穏やかで幸せであれば、一緒に暮らしている家族は、何もしなくても、その幸せオーラをたくさん浴びることになります。これは、わざわざ家族を幸せにするために何かをするというよりも、格段にパワフルな方法なのです。

世界じゅうの人や被災地の人を幸せにしたいというような考えも同じです。あなたが幸せであれば、その幸せエネルギーはどんどん周りの人に影響を与え、たとえ外国や被災地などの離れた場所であっても、その幸せエネルギーを無意識のうちに送ってくれます。

すべての魂は、深い部分でみんなつながっているのです。ですから、あなたが幸せな気分になれば魂の中に良いエネルギーが作られ、そしてそのエネルギーは他の魂にもつながり、影響を与えるのです。

もちろんここでも、海外や被災地の人たちを助けることが悪いと言っているのではありません。困っている人を助けることは、徳を積む上でも、とても大切なことです。

ただ、自分が満たされて溢れているようなエネルギーを使うのならいいのですが、自分自身が苦しんでいるのに、自分に必要なエネルギーを使って他人のことばかりにそのエネルギーを使うということが間違いなのです。

繰り返しになりますが、まずは、自分自身を、第一番に満たしてあげましょう。そして、余ったエネルギーで他人を幸せにしてあげましょう。

ワクワクする気持ちが、あなたを幸せにしてくれる！

誰もが幸せになりたいと思っています。守護霊が教えてくれたいろいろなことから分かった一番の方法は、「自分がワクワクする気持ちをできるだけ持ち、ワクワクする方向に進んでいく」ということです。

この、ワクワクする気持ちですが、何か嬉しいことが起こる前というのは、胸のあたりがワクワクすることがありますよね、あの感覚です。

ワクワクするということは、自分の魂が喜んでいるということです。それが、魂がやりたいと思っていること、またはやらなければいけないことだということです。その気持ちに正直に応えてあげればいいだけなのです。

このワクワクの対象は、大きくても小さくてもかまいません。例えば、長年の夢だった歌のライブを実現させるという時のワクワク感は、とても大きなものでしょうし、朝からずっと食べたかったカレーをランチで食べに行こうと決めた時の小さなワクワク感も、同じように大切なのです。

では、実際にどうしたらこのワクワク感というものを理解して、たくさん持つことができるのでしょうか？　以下に、僕が思うワクワク感を増やすコツを、いくつか挙げたいと思います。

・本や映画、音楽などでワクワクを増やそう

その人が好きなものや、趣味にしているものなどは、当然ながら、私たちに多くの元気とワクワク感を与えてくれます。だから、どんなに忙しくても、自分の好きなことに時間を使うことは、とても大切なことなのです。

忙しい人はよく、口癖のように「なんかやりたいんだけど、時間がないんだよね」みたいなことを言います。でも、こういう人は、本当に時間がないのではなく、時間を作ってやってみる気がないだけなのだと思います。

本というのは、自分との対話の時間を与えてくれるものであり、自分の創造性を大きくするツールだと思います。本を読んで、自分との対話がきちんとできれば、自分の中のやらなければいけないこと、変えなければいけないことなどが見えてきて、将来の自分が楽しみになってくることがあります。

映画というのは、まさに感動を与えてくれます。僕は、若い頃からサクセスストーリーやハッピーエンド的な映画を観るのが好きなのですが、感動したり泣いたりすることは、心の掃除になっていると思うのです。

みなさんも、感動したあとは、なんだか心がスッキリしませんか？　男だから泣くのは恥ずかしい、などと言わず、男性も積極的に泣くべきです(笑)。

あと音楽も、例えば、懐かしい曲を聴くと昔の経験を思い出したり、それによって心が癒されたりしますよね。

このように、本・映画・音楽は、わりと身近にあるものですから、比較的忙しくても、ワクワク感を増やすために簡単に利用できるものです。ですから、何回見ても感動できるような、お気に入りの映画のＤＶＤなどを、いつでも観られるように準備しておくといいと思います。

・ポジティブエネルギーを周りに集める

ポジティブエネルギーを持っている人は、考え方も行動も前向きです。そういう人たちはたいてい、大きな夢やビジョンを持っていたりするので、ワクワク感も多くなります。なので、なるべくそういう影響を与えてくれる人たちと一緒にいるように心がけましょう。

人間は案外、ネガティブな人と一緒にいるほうが楽に感じることがあるものです。それは、自分のエネルギーが弱かったりすると、強くポジティブなエネルギーを持っている人といることが、結構しんどかったりするからです。

だからといってネガティブな人といると、今度はあなたの良いエネルギーまで吸い取られたりするので、本当はもっと疲れるのですが……。

ということで、たくさんのワクワク感を得るために、できるだけ自分の周りには、ポジティブな考えを持っている人を集めましょう。もちろん、あなた自身も含めてですよ！

・頭で考えるのではなく、心で感じてみる

私たちは、頭と心で、いつも何かを考えています。しかし、頭で考えると、社会通念とかメディアに大きく影響された、「作られた自分の考え」で行動することになります。

反対に、胸のあたりにある魂に聞いて考えると、本来の自分がやりたいこと、やらなければいけないことに基づいて行動できるようになります。

この違いはとても大きいです。

思うように物ごとが進まなかったり、大きなストレスを溜めていたりする人は、どちらかというと頭で考えるほうが強くて、本来の自分を忘れてしまっている人が多いのです。

そういう時は、こうしなければいけないとか、こうであるべきなどということではなく、自分の心に、どうしたいのか、本当は何が好きなのか、というようなことを聞き、その答えをもっと重視して、行動してあげるべきなのです。

その、「心に従った」ことが、もしかたら、社会的には悪い行為とされることかもしれません。でも、自分がどうしてもそうしたいと思うのであれば、それはやってみるべきなのです。すると、そこからワクワク感とか楽しみといったものが出てくるのです。

その時に気をつけることは、確かに自分がやりたいことなのだけれど、周りの目や社会

のプレッシャーなどが気になって楽しめない、というのであれば、それはひとまずやめるべき、ということです。

心から楽しめないということは、それほど魂をワクワクさせていないということだからです。

・仕返しは決して幸せにはつながらない

世の中には、「正義感をもって仕返しすることが大切だ」と思っている人が、意外と多いと思います。

私たちが暮らす社会の中に、周りの人を不幸にしたり困らせたりして喜んでいるような人がたくさんいるのは事実です。でも、そういう人に対して仕返しをしたとしても、絶対、楽しい気持ちにはならずに、怒りやイライラする気持ちだけが残ります。

仕返しという行為は、決して良いエネルギーを生み出しません。自分は正義感からよく反撃をするとか、仕返しをするという人は、その自分の行動を冷静に見直すべきです。

そういう傾向のある人は、人生の中でのワクワク感が、とても少ないはずです。

・心の余裕がないとワクワク感は生まれない

この本の中で繰り返し述べてきた「すべてのことには意味があり、完璧な状態で起こっている」ということを理解することで生まれる、心の中の平常心。その平常心から生まれる心の余裕がないと、ワクワク感にはなかなか気づけないものです。反対に、心の余裕があれば、小さなワクワク感でも、それがとても大きく感じられるのです。

人は、毎日の仕事や生活で忙しくなると、それらのことで頭がいっぱいになり、ついつい自分のことを、ゆっくり立ち止まって見るということを忘れてしまいがちです。そして、いつのまにか、心の余裕がなくなってしまいます。

目まぐるしく回っている頭の思考回路を落ち着かせて、きちんと自分を見つめる時間を持つ。そういうことで、心のワクワク感がアップしていくものなのです。

さあ、以上これらのことに気をつけて、自分の中のワクワク感をどんどん増やしてください。ワクワクするということは、あなたにとって、その道が正しいというサインです。

その、魂からのメッセージをきちんと受け取って、前に進んでいきましょう。

たとえつらい状況の中にあっても、ワクワクする気持ちは生まれます。逆に、つらい状況にいたからこそ、ワクワク感が大きく感じられることもあります。

ワクワクする気持ちで自分を幸せにしてあげましょう。そして、その幸せになった自分のエネルギーで、周りの人たちも幸せにしてあげましょう！

おわりに

私たちは、いろいろな課題や、人生での役割というカリキュラムを決めて、この人生にやってきました。この人生は学校のようなものです。

この学校には、学ぶことや経験しなければならないイベントがたくさん用意されていて、そのイベントをどのように楽しむのかは、自分次第です。そして、どうせなら、充実した学校生活を楽しみたいと思いませんか?

守護霊は僕に、この人生のしくみや楽しみ方を教えてくれました。そして僕に、人生を歩んでいく強さも与えてくれました。

僕は、スピリチュアルなメッセージを多くの人に伝えていくという「お役目」を持って、この人生にやってきました。自分が進むべき道を歩んでいると、たとえ困難が起こったとしても、あきらめずに続けていくことで必ず前に進めるし、そこから感動や喜びを得ることもできます。この本を通して、多くの人に、守護霊からのメッセージが届くことを祈っています。そして、多くの人が本当の自分に気づき、本来の人生の目的を達成されることを願っています。

この世界でしか味わえないことはたくさんあります。いつか天国と呼ばれるところに帰ったとしても、美味しいお酒や食べものもなく、朝までカラオケをしたり、誰かとデートをしたりすることもできないでしょう。今、この世界でしか味わえないことは、精一杯楽しむべきなのです。

これは体に悪いとか、こんなことしたら他人に悪く言われるとか、そういう「どうでもいいこと」を考えずに、「自分が楽しめる瞬間」を多く持つことです。あなたが心から楽しんでいれば、どんなことも、自分にとってプラスになるはずです。

そして、いっぱい笑いましょう。笑うことは、私たちを楽しい気分にしてくれます。

つらい時ほど笑顔でいればいいのです。笑顔は自分も、周りの人も、幸せにしてくれるから。

冗談を話して楽しむのでもいい。人と会ったらニコっと笑うのでもいい。笑顔は、人をニッコリさせる、魔法のようなもの。笑いは、自分や他人の癒しにもなり、人生に「幸せパワー」を作る、小さなコツなのです。

守護霊は、いつも愛情をもってあなたのことを応援してくれています。彼らが、あなたを裏切ったり、見放したりすることは決してありません。どんな状況であっても、あなたは一人ではないのです。

彼らと一緒に、自分自身の人生を楽しみましょう。そして、死んでこの世から、故郷の「あの世」と呼ばれる世界に帰るとき、「ああ楽しかった」と思える人生を、守護霊と一緒に、そして、この人生で意味があって出会っている周りの人たちと一緒に、作りあげていきましょう。

あなたの人生をどう変えていくかは、すべてあなた次第なのです。

◇著者◇
鹿島 晃（かしま・あきら）
ミディアム（霊能者）、ヒーラー。
1969年、大阪生まれ。大学卒業後、国内の航空会社に就職。その後、米国系の航空会社に移り、現在も客室乗務員として世界じゅうを飛び回りながら、通訳や司会（タレント）としても、テレビ・ラジオ等で活躍中。ミディアムとしての活動は、2007年ごろより始まり、2009年、イギリスの名門「アーサー・フィンドレー・カレッジ」にてミディアムとしてのトレーニングを受け、同じく2009年には自身のサロン「マイルストーン」を開設し、本格的にリーディングとヒーリングを開始した。現在も、東京・大久保にあるサロンで、スピリチュアルな真実を人びとに伝える活動を続けている。
http://www.akirakashima.com/

守護霊リーディング

平成29年1月27日　　第1刷発行

著　者　鹿島 晃
装　幀　フロッグキングスタジオ
発行者　日高裕明
発　行　株式会社ハート出版
〒171-0014 東京都豊島区池袋 3-9-23
TEL03-3590-6077 FAX03-3590-6078
ハート出版ホームページ http://www.810.co.jp

乱丁、落丁はお取り替えします（古書店で購入されたものは、お取り替えできません）。

ISBN978-4-8024-0033-6　印刷・製本 中央精版印刷株式会社

あの世のイヌたちが教えてくれたこと

天国から届いた スピリチュアルな愛のレッスン

全米で活躍中のアニマル・コミュニケーターが
「あの世」のイヌたちから聞いた、心と魂の真実。

ケイト・ソリスティ 著　三早江・K・ジェニングス 訳
ISBN978-4-8024-0009-1　本体 1600 円

あの世のネコたちが教えてくれたこと

天国から届いた スピリチュアルな愛のメッセージ

全米で活躍中のアニマル・コミュニケーターが
「あの世」のネコたちから聞いた、心と魂の真実。

ケイト・ソリスティ 著　三早江・K・ジェニングス 訳
ISBN978-4-8024-0020-6　本体 1600 円

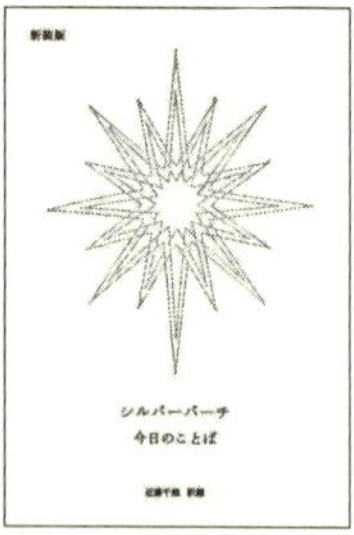

【新装版】シルバーバーチ 今日のことば

1920 年から 60 年間の長きにわたり、霊界の真実と人生の奥義を語ってきたスピリット「シルバーバーチ」。その珠玉の名言集から、スピリチュアル翻訳の第一人者・近藤千雄が厳選した、究極の「ベスト・セレクション」が、新装版で復活。

近藤千雄 訳編
ISBN978-4-8024-0015-2　本体 1500 円

〈からだ〉の声を聞く 12のレッスン

誰もが幸せを創れる スピリチュアルな生き方のヒント

〈心の傷〉を癒し〈真実の愛〉を手に入れるための、
シンプルで具体的な法則を、あなたに――。

北林はる奈（「〈からだ〉の声を聞きなさい」日本スクール主催者）著
ISBN978-4-8024-0027-5　本体 1500 円